Schräder-Naef · Informationsflut

W0337210

Regula Schräder-Naef

Informationsflut

Gezielt suchen, kritisch bewerten,
rationell speichern

BELTZ
Quadriga

Über die Autorin:

Regula Schräder-Naef, Jahrgang 1943, studierte Psychologie in Zürich und Richmond (USA). Sie leitet die Abteilung Erwachsenenbildung in der Erziehungsdirektion des Kantons Zürich.

Im Beltz Verlag veröffentlichte sie u. a.: Schüler lernen Lernen, 4., unveränd. Aufl. 1991, Rationeller Lernen lernen, 17. unveränd. Aufl. 1992, Der Lern-Trainer für die Oberstufe, 2., überarb. Aufl. 1992, Lerntraining für Erwachsene, 2. Aufl. 1993, Keine Zeit?, 3. überarb. u. erg. Aufl. 1993.

Die Deutsche Bibliothek – CIP-Einheitsaufnahme

Schräder-Naef, Regula D.:
Informationsflut : Gezielt suchen, kritisch
bewerten, rationell speichern / Regula Schräder-Naef. –
3., überarb. und erg. Aufl. – Weinheim ; Basel : Beltz Quadriga, 1993
Bis 2. Aufl. u. d. T. : Schräder-Naef, Regula D.:
Was ist wissens-wert?
ISBN 3-407-83132-3

Alle Rechte, insbesondere das Recht der Vervielfältigung und Verbreitung sowie der Übersetzung, vorbehalten. Kein Teil des Werkes darf in irgendeiner Form (durch Photokopie, Mikrofilm oder ein anderes Verfahren) ohne schriftliche Genehmigung des Verlages reproduziert oder unter Verwendung elektronischer Systeme verarbeitet, vervielfältigt oder verbreitet werden.

3., überarbeitete und ergänzte Auflage 1993

Völlig überarbeitete Neuausgabe des unter der ISBN 3 407 85078 6 erschienenen Titels „Was ist wissenswert".

Lektorat: Peter E. Kalb

© 1984 Beltz Verlag, Weinheim und Basel
Herstellung: L & J Publikations-Service GmbH, Weinheim
Satz: Satz- und Reprotechnik GmbH, Hemsbach
Druck und buchbinderische Verarbeitung: Druckhaus Beltz, Hemsbach
Umschlaggestaltung: Zembsch' Werkstatt, München
Umschlagfoto: Sandra Filipucci, The Image Bank, München
Printed in Germany

ISBN 3-407-83132-3

Vorwort

Es waren vor allem drei Probleme, die den Anstoß zu diesem Buch gaben:

Das eine war das Unbehagen darüber, daß wir zwar „in Informationen waten, aber nach Wissen dürsten“. Ein nicht abreißender Strom von Nachrichten, Informationen, Mitteilungen stürzt auf uns alle ein, viel mehr, als wir jemals aufnehmen können; trotzdem fehlt uns in den wichtigen Fragen der Überblick, weil zahlreiche Schwierigkeiten und Hindernisse die Auswahl und Verarbeitung schwierig, fast unmöglich machen.

Das zweite Problem besteht darin, daß die Schulen nach wie vor überwiegend nur Wissensstoff vermitteln und noch zuwenig die Methoden einüben, die Schülerinnen und Schüler für die eigene kritische Auseinandersetzung mit Informationen und zur gezielten Weiterbildung brauchen und die für die Zukunft immer wichtiger werden. Es geht vor allem um ihre eigene Verantwortung, um Einstellungen und Selbständigkeit.

Drittens: Zur Bewältigung der Informationsflut wurden in den letzten Jahrzehnten immer neue Hilfsmittel, Einrichtungen und Techniken entwickelt. Informatik, Telekommunikation gehören heute schon in den Volksschulen zum Lehrplan, die Schüler machen mit großer Selbstverständlichkeit davon Gebrauch. Bei vielen Erwachsenen bestehen dagegen Schwellenängste. Das Wissen um Quellen und ihre Bewertung, um Suchwege und technische Hilfsmittel ist für die eigene Orientierung und Weiterbildung unbedingt erforderlich.

Ich habe in diesem Buch einerseits die Probleme dargestellt, die im Umgang mit Informationen bestehen, andererseits Möglichkeiten zur eigenen gezielten Informationsbeschaffung aufgezeigt. Die Fallbeispiele und Fragen sollen dabei nicht nur illustrieren, sondern dazu anregen, nach Quellen und Vorgehensweisen für die eigenen Informationsbedürfnisse zu suchen, für den eigenen Fall zu prüfen, welche Möglichkeiten zu ihrer Beantwortung bestehen. Ich möchte damit auch jenen Mut machen, die mit den Möglichkeiten der Informationsbeschaffung (noch) nicht vertraut sind.

Seit Erscheinen der 1. Auflage sind zahlreiche neue Möglichkeiten, Techniken und Methoden zur Informationssuche dazugekommen, was eine weitgehende Neubearbeitung erforderlich machte. Die außerordentlich aufwendige Überprüfung, Aktualisierung und Neufassung des Kapitels „Hilfe durch die EDV“ hat mein Mann, Bernd Schräder, übernommen, wofür ich ihm sehr dankbar bin. Außerdem danke ich Herrn Hans K. Fischer, Frau Mechthild Roggisch, Herrn Mark Romer und meinem Bruder Felix Naef für ihre Anregungen und das Durchlesen des Manuskripts.

Zürich, Mai 1993 Regula Schräder-Naef

Inhaltsverzeichnis

I. Das Problem: Desinformiert in der Informationsflut

1. Das tägliche Ärgernis

Herr Schuhmacher ist mit seiner Arbeit unzufrieden. Die jetzige Stelle nimmt er schon viele Jahre ein, Aufstiegsmöglichkeiten hat er nicht. Um sich weiter entwickeln zu können, bewirbt er sich für Positionen in anderen ihn interessierenden Bereichen. Bei den Vorstellungsgesprächen werden ihm aber stets seine fehlenden Kenntnisse und Erfahrungen in diesen Gebieten zum Verhängnis.

Frau Maler hat zwei Kinder und ist halbtags berufstätig. Für ihren Haushalt hat sie wenig Zeit; Einkaufen und Kochen müssen möglichst schnell erledigt werden – aber natürlich soll das Essen trotzdem schmecken. Wenn es nach ihren Kindern ginge, könnte sie abwechselnd Spaghetti mit Sauce und Schnitzel mit Pommes frites auftischen. Aber ihre Arbeitskolleginnen, die auf Vollwertkost und Biogemüse umgestellt haben, reagieren entsetzt auf solche Kinderwünsche und verweisen auf unzählige negative Folgen für die Gesundheit. Frau Maler ist völlig verunsichert. Stimmt das alles, was die wohlmeinenden Kolleginnen über die Gesundheitsschäden durch Zucker, Rückstände in Obst und Gemüse, Chemie und „tote" Nahrungsmittel erzählen?

Familie Weber möchte nach Kanada auswandern und vorher das Land während einer ausgedehnten Ferienreise kennenlernen. Welche Bedingungen gelten für Einreise und Einwanderung? Welche Formalitäten sind zu erledigen? Welche Berufe werden bevorzugt, welche Ausbildungsmöglichkeiten haben die heranwachsenden Kinder? Eine Unmenge von Fragen taucht auf.

Lehrer Baumann macht mit seiner Klasse eine Wanderung. Während sie an einem Tümpel vorbeigehen, erzählt ihm ein Schüler, daß er in früheren Jahren darin jeweils Kröten beim Laichen und die Entwicklung der Kaulquappen beobachtet habe. Jetzt aber sieht das Gewässer schmutzig und unbelebt aus. Diese offensichtliche Verschlechterung muß doch eine Ursache haben. Ob sich jemand darum kümmert, fragt sich Herr Baumann. Man müßte mal klären, wer dafür zuständig ist.

Die Notwendigkeit einer lebenslangen Weiterbildung braucht in der heutigen Zeit nicht mehr begründet zu werden. Niemand gibt sich noch der Illusion hin, daß mit der Berufsausbildung der Lernprozeß abgeschlossen ist. Veränderungen, neue Entwicklungen, neue Techniken verlangen Flexibilität und eine ständige Bereitschaft zur Auseinandersetzung mit neuen Inhalten und Wissensstoffen, um den beruflichen Anforderungen weiterhin gewachsen zu sein.

Aber nicht nur für unseren Beruf müssen wir laufend neue Kenntnisse erwerben. Auch für das Zusammenleben, Konsum- und Freizeitverhalten, für die politische Meinungsbildung, für Stellungnahmen zu geplanten Entwicklungen in unserer Gemeinde, in der Schule unserer Kinder, benötigen wir ständig neue Informationen.

Jeder Einzelne hat unterschiedliche Informationswünsche zu verschiedenen Bereichen:

- Der Wissenschaftler will auf dem laufenden bleiben, was in seinem Spezialgebiet an Forschungsergebnissen publiziert wird.
- Eine Lehrerin, die nach mehreren Jahren Unterbrechung wieder einen Kurs an der Volkshochschule übernehmen will, möchte wissen, welche wichtigen Bücher auf ihrem Gebiet in der Zwischenzeit erschienen sind.
- Ein Student, der an einer Arbeit schreibt, benötigt einen Überblick über den Stand der Forschung.
- Die Eltern eines behinderten Kindes suchen Informationen über die richtige Betreuung.

- Politisch Interessierte suchen möglichst ungefilterte Informationen über die Lage in Krisengebieten im Balkan oder im Nahen Osten.
- Studenten, die am Beginn ihrer Ausbildung stehen, müssen sich über Bedingungen, notwendige Prüfungen, Arbeiten, Zuständigkeiten informieren.
- Engagierte Stimmbürger möchten sich vor Wahlen oder Abstimmungen aus verschiedenen Quellen das erforderliche Wissen beschaffen.
- Privatleute interessieren sich für ihre Vorfahren und ihre Familiengeschichte, andere tragen Informationen über ein Interessensgebiet wie Malerei, Architektur oder Astronomie zusammen.
- Konsumenten wollen Angaben zu Qualität, Umweltverträglichkeit, Preis-Leistungs-Verhältnis verschiedener Produkte vergleichen können.
- Wir alle möchten über das Tagesgeschehen, über Umweltprobleme, über Maßnahmen, von denen wir betroffen sind, informiert sein.

Die Beispiele ließen sich beliebig fortsetzen. Wesentliche Informationen fehlen uns ständig, im privaten wie im beruflichen Bereich.

Der Bedarf an Informationen und damit der Suchweg sind sehr unterschiedlich, je nachdem, ob es darum geht, vorhandenes Wissen auf den neuesten Stand zu bringen, Grundlagen zu erarbeiten, widersprüchliche Informationen aus verschiedenen Quellen zu bewerten, sich in seiner Umwelt zu orientieren oder zu einem bestimmten Thema eine Meinung zu bilden.

Haben Sie das Gefühl, „informiert" zu sein, über das Weltgeschehen, über Ihr Spezialgebiet, über Entwicklungen, die für Sie wichtig sind? Wieviel Zeit verbringen Sie täglich mit dem Beschaffen von Informationen?

Wenn wir die Minuten eines Tages, die wir mit dem Hören und Sehen von Nachrichten, dem Lesen von Zeitungen, Fachzeitschriften und -büchern, dem Studium von Akten und dem Informationsaustausch in Gesprächen und Konferenzen verbringen, zusammenzählen, kommen wir auf eine stolze Summe. Wir leben im Informationszeitalter und in Informationsgesellschaften, der relativ größte Teil des Bruttosozialprodukts wird im Informationssektor erwirtschaftet (Bundesrepublik 1980: 38%) und die relativ größte Gruppe der Erwerbstätigen arbeitet im Informationssektor (USA 1980: 45%, BRD 1984: 36%). Dennoch leiden wir unter dem lähmenden Gefühl, nicht durchzublikken, auch bei wichtigen, entscheidenden Fragen nur Bruchstükke, nicht aber die Zusammenhänge zu kennen.

Forscher in aller Welt führen Untersuchungen durch, die anderswo längst gemacht wurden, Forschungsberichte verstauben in Schubladen und Bibliotheken, ohne von den verantwortlichen Politikern zur Kenntnis, geschweige denn zur Grundlage von Entscheidungen genommen zu werden, Unternehmen stecken riesige Summen in scheinbar erfolgversprechende Projekte, nur um bei der Anmeldung beim Patentamt festzustellen, daß die schöne „Erfindung" bereits seit langem existiert.

Auf Hunderttausenden von Magnetbändern sind die Daten gespeichert, die amerikanische Weltraumsonden, Satelliten und Raumschiffe bislang einsammelten. Ein großer Teil dieser Informationen wird nie ausgewertet werden. Bekannt wurde das Beispiel des Wettersatelliten Nimbus 7, der, wie sich später herausstellte, bereits 1978 das Ozonloch über dem Südpol registriert hatte. Erst Jahre später stießen die Wissenschaftler wieder auf das Ozonproblem – mit anderen Raumsonden.

In manchen Fällen liegt das Problem in der mangelnden Informationsspeicherung, in anderen sind die Ursachen auf falsche Quellen, fehlenden Überblick oder ungenügende Verarbeitungsmethoden zurückzuführen. Pannen, Konflikte, Mißverständnisse und riesige Zeitverluste sind ständige Folgen von Informationslücken.

Täglich kommen wir in Situationen, in denen wir Entscheidungen treffen, Fragen beantworten, Stellung nehmen müssen, ohne ausreichende Informationen zu besitzen. Je nach Temperament und Selbstkritik werden wir dann entweder unsere Lükken überspielen, „aus der Hüfte schießen" beziehungsweise auf gut Glück und nach Gefühl aufgrund der uns gerade vorliegenden Informationen entscheiden, oder uns zurückziehen und darauf vertrauen, daß die Lösung, die die „Experten" vorschlagen, die richtige ist. Allerdings ist längst nicht jeder, der im Brustton der Überzeugung eine Aussage macht, auch wirklich ein Experte für den Sachverhalt. Manche Leute haben nämlich gemerkt, daß sie mit dem Hinweis auf den begrenzten Informationsstand des Gesprächspartners diesem leicht den Wind aus den Segeln nehmen können. Nur wenige Eltern läßt es beispielsweise unbeeindruckt, wenn Lehrer X eine von ihnen angezweifelte Maßnahme mit „neuen pädagogischen Erkenntnissen" begründet, auch wenn diese „Erkenntnis" in Wirklichkeit vielleicht nur die Meinung des Lehrers Y ist ...

Nach dem 2. Weltkrieg stand die Bevölkerung der Wissenschaft, Forschung und dem sich anbahnenden technischen Fortschritt zunächst mit Bewunderung gegenüber und versprach sich davon große Vorteile. In den siebziger Jahren nahm jedoch die Angst vor den unüberschaubaren Großsystemen und den Folgen ökologischer Störungen immer mehr zu. Mit der Unsicherheit, der Kritik an Technik und Fortschritt stieg auch die Zahl der Menschen, die Wahrheit und Sicherheit bei Sekten und pseudoreligiösen Gruppierungen suchten, die Wissenschaftlichkeit beanspruchten. Viele Zukunftsprobleme, die die Menschheit bedrängen, können jedoch nicht gelöst werden, wenn wir die Augen schließen. Sie erfordern neues Wissen, Übersicht über die erzielten Ergebnisse, Kreativität, Denken in Zusammenhängen.

In vielen Fällen bleibt uns nur der Rückzug. Die Komplexität vieler Problemstellungen läßt Resignation oft als eine sinnvolle Reaktion erscheinen. Angesichts sich häufig widersprechender Informationen, gerade was Umweltschäden und Zukunftsentwicklungen angeht, wächst die Unsicherheit und begleitet uns das Mißtrauen, nur halb oder falsch informiert oder mit Zwecklügen beschwichtigt zu werden. Wenn aber generell die Haltung, daß man nicht durchblicken kann („nichts Genaues weiß man nicht“) überhandnimmt, wird das Feld jenen überlassen, die gewillt sind zu entscheiden; sie tun dies vielleicht weder zum Wohle der Allgemeinheit noch unter Abwägung aller vorhandenen Informationen, sondern zur Förderung des eigenen Profits oder der eigenen Karriere.

Wir können sicher nicht auf allen Gebieten mitreden. Aber besser als die Resignation ist die bewußte Entscheidung, welche Bereiche für uns wichtig sind, und damit die gezielte Auseinandersetzung mit fundierten und sachlichen Informationen zu diesen Themen.

Was will dieses Buch?

Informationsprobleme sind auf verschiedene Ursachen zurückzuführen. Vielleicht sind wir einfach nicht dazu gekommen, uns mit dem betreffenden Gebiet auseinanderzusetzen. In anderen Fällen haben wir zwar einiges gelesen oder gehört, doch waren unsere Quellen nicht zuverlässig, unser Gedächtnis läßt uns im Stich oder unser Speichersystem genügt unseren Anforderungen nicht. Oft kapitulieren wir vor der Schwierigkeit, einen Überblick über ein komplexes Gebiet zu gewinnen, oder wissen nicht, wo wir uns gezielt Informationen beschaffen können.

In der heutigen Zeit mit ihrem raschen technischen Fortschritt fordert auch die Arbeitsmarktsituation vom Einzelnen hohe Flexibilität und die Bereitschaft, sich weiterzubilden und auf neue Anforderungen einzustellen. Kenntnisse über die Gewinnung, das Verstehen und das Verarbeiten von Informationen können als eigentliche Schlüsselqualifikationen bezeichnet werden. Diese Kenntnisse weisen eine größere Alterungsbeständigkeit auf als spezifische Fachinhalte und ermöglichen es, die Türen zu immer neuem Wissen aufzuschließen und neuen Anforderungen besser gerecht zu werden.

Schulen und Ausbildungen haben somit die Aufgabe, den Schülern und Studenten den richtigen Umgang mit Informationen beizubringen. Es kann nicht darum gehen, möglichst viel Wissen anzuhäufen, sondern zu wissen, wo welche Information zu welchem Problem rasch zu finden ist.

Der kritische Umgang mit Informationen umfaßt drei verschiedene Aspekte:

- Wir benötigen *Kenntnisse und Informationen*, über Quellen und ihre Benutzung, über Möglichkeiten der Aus- und Weiterbildung, über rationelle Suchmethoden und Notizsysteme, über übersichtliche Informationsspeicher ebenso wie über Forschungsergebnisse zur menschlichen Informationsverarbeitung und dabei auftretende Probleme und Verfälschungen.
- *Techniken und Gewohnheiten:* Das Informationsverhalten ist das Ergebnis jahre- oder jahrzehntelanger Gewohnheiten. Rationellere Vorgehensweisen, eine systematischere, auf den eigenen Bedürfnissen beruhende Suche erfordern eine Umstellung der eingeschliffenen Gewohnheiten und den Erwerb neuer Techniken.
- *Einstellungen, Haltungen:* Der Fülle der mit der Informationsaufnahme verbundenen Probleme kann nur durch eine kritische Grundhaltung, der Fähigkeit zur Gewichtung, Beurteilung, Gegenüberstellung begegnet werden. Dazu ist neben der intellektuellen Schulung eine Grundeinstellung erforderlich, die kritische Distanz, Vertrauen in die eigene Urteilsfähigkeit und aktives Bemühen einschließt, um sich nicht mit Scheinlösungen und oberflächlichen Antworten zufrieden zu geben.

Ein Buch kann vor allem Informationen vermitteln, Möglichkeiten aufzeigen. Gleichzeitig sollen die hier geschilderten Probleme zu einer Überprüfung der Gewohnheiten und Einstellungen anregen. Alle auf den nachfolgenden Seiten gegebenen Hinweise müssen vor dem Hintergrund der geschilderten Probleme gesehen werden.

Das Buch gibt Antworten auf eine Vielzahl von Fragen der Informationsbeschaffung und -verarbeitung. Es wendet sich damit *nicht* an Wissenschaftler, die sich ständig informieren, mit

Suchstrategien, Datenbank-Abfragen, Refereatezeitschriften und allen technischen Hilfsmitteln vertraut sind, sondern an interessierte Erwachsene, denen der Überblick fehlt und die auch nicht gelernt haben, sich in der Vielzahl der bestehenden Angebote zurechtzufinden.

Die Schwerpunkte und die Wichtigkeit der einzelnen Kapitel sind für jede Leserin und jeden Leser unterschiedlich. Das Buch muß deshalb – wie jedes Fachbuch – nicht in der vorliegenden Reihenfolge gelesen werden. Die nachfolgende Tabelle gibt einen Überblick über die verschiedenen Aspekte und ermöglicht Ihnen ein auf Ihre Prioritäten abgestimmtes Vorgehen:

Fragebogen:	Betrifft mich sehr	ziemlich	Seite	Meine Reihenfolge
– Welches sind meine Informationsbedürfnisse?			64	
– Welche Verfälschungen ergeben sich bei der Übermittlung von Informationen?			26	
– Welche Informationsquellen gibt es und wie benutze ich sie?			71	
– Wie finde ich mich in der Informationsflut zurecht?			92	

	Betrifft mich sehr	ziemlich	Seite	Meine Reihenfolge
– Welche Erkenntnisse gibt es über die menschliche Informationsverarbeitung?			44	
– Wie verschaffe ich mir einen Überblick über ein bestimmtes Gebiet?			86	
– Wie unterscheide ich zwischen wichtigen und unwichtigen Informationen?			92	
– Welche technischen Hilfsmittel erleichtern die Suche?			100	
– Welches Speichersystem entspricht meinen Bedürfnissen?			150	
– Wie kann ich Informationen kritisch bewerten?			139	

2. Die Flut steigt ständig

> Das Schlaraffenland
>
> Da sind die Häuser bedeckt mit Fladen
> Lebkuchen die Haustür und die Laden
> Um jedes Haus ist da ein Zaun,
> geflochten von Bratwürsten braun.
> Auf den Tannen wachsen Krapfen,
> Wie hierzuland die Tannen-Zapfen.
> Auch fliegen um, ihr mögt es glauben
> Gebraten Hühner, Gäns und Tauben
> Wer sie nicht fängt und ist zu faul,
> Dem fliegen sie von selbst ins Maul!
>
> (Hans Sachs, 1494–1576)

Was hat das Schlaraffenland in einem Buch über Informationsprobleme zu suchen? Das Informationsangebot um uns herum gleicht dem Angebot an Speisen im Schlaraffenland: Am Morgen liegt die Zeitung bereit, auf Knopfdruck erscheinen die Radio- und Fernsehnachrichen, am Kiosk springen uns die Schlagzeilen vieler Zeitschriften in die Augen, wecken unsere Neugierde und erzwingen unsere Aufmerksamkeit. Wir lesen und hören, was in der ganzen Welt geschieht, Reportagen, Kommentare, Berichte.

Die glücklichen Bewohner des Schlaraffenlandes konnten sicher kaum der Versuchung widerstehen, zu viel und zu kalorienreich zu essen – und waren vermutlich mit wichtigen Vitaminen unterversorgt. In gleicher Weise besteht für uns im „Informations-Schlaraffenland“ die Gefahr, daß wir uns überessen, aber wichtige Bedürfnisse dennoch zu kurz kommen. Wir „naschen“ zur Unterhaltung Informationen, die überall zu haben sind, und verderben uns damit den Appetit für die wirklich wichtigen.

Nach einer im Oktober 1991 von der europäischen Multi-Media-Gruppe IP bei rund 20000 Personen in 20 europäischen Ländern durchgeführten Befragung wird im europäischen

Informationsquellen
(nach K. Haefner, 1982)

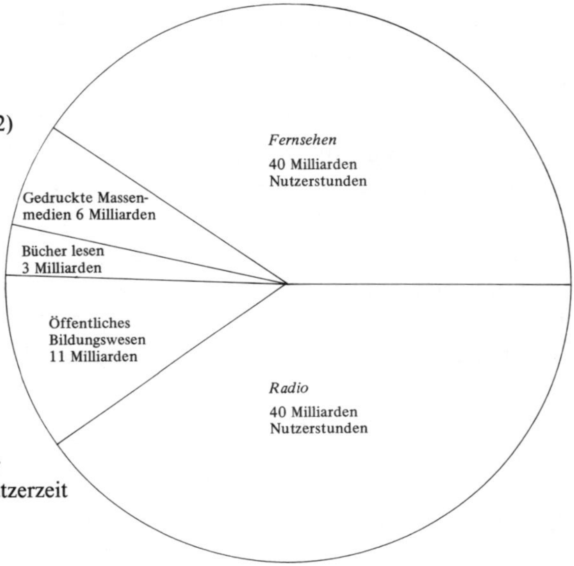

Nutzerstunden = Zahl
der Informationsnutzer
x mittlere jährliche Nutzerzeit
(Schätzungen)

Durchschnitt 3,04 Stunden täglich ferngesehen. Für Radio, Zeitungen und Zeitschriften ergibt sich ein Durchschnitt von 2,42 Stunden.

Aber selbst wenn wir unseren ganzen Tag ausschließlich mit Informationsaufnahme verbringen würden, wäre das Ziel, auch nur einen Überblick über die neu eintreffenden Informationen zu gewinnen, völlig unerreichbar – von einer Auseinandersetzung mit dem bereits vorhandenen Wissen ganz zu schweigen!

Mit Recht werden Sie einwenden, daß längst nicht alle Nachrichten, die verbreitet, alle Artikel, die gedruckt werden, für jeden von großer Wichtigkeit sind. Auf einen großen Teil der „Flut" können wir getrost verzichten, sehr vieles hat kaum Unterhaltungswert, anderes keine Bedeutung über den Tag hinaus. Das Problem besteht aber nicht in erster Linie im Herausfinden der wichtigen und Weglassen der unwichtigen, sondern darin, an jene Informationen heranzukommen, die für uns tatsächlich von Bedeutung sind. Da uns die gebratenen Tauben in den Mund fliegen, weil wir uns von den jederzeit auf uns einströmenden und häufig irrelevanten Nachrichten und Informationen schon reichlich eingedeckt fühlen, ist unsere Neigung gering, uns noch aktiv auf die Suche nach wichtigen, entscheidenden Informationen zu machen.

Wir sind uns bewußt, daß wir aus allen Informationen eine Auswahl treffen müssen, daß wir nur einen winzig kleinen Teil dessen aufnehmen können, was auf der Welt geschieht, was an Forschungsergebnissen gefunden, an Erkenntnissen zusammengetragen, an Schlußfolgerungen gezogen wird. Unter diesem Zwang entscheiden sich aber die wenigsten für die für sie wichtigsten Informationen, die für ihre Gesundheit, ihre Zukunft, die berufliche Ausbildung von Bedeutung sind. Eine viel größere Rolle bei der Auswahl spielen Erreichbarkeit und Unterhaltungswert der Informationen.

Um die Jahrtausendwende bestand das gesamte damals vorhandene Wissen (einschließlich aller Irrtümer) aus etwa 500 Büchern – soviel wie eine Klosterbibliothek umfassen konnte. Goethe konnte Wagner, den Gehilfen Fausts, sagen lassen: „Zwar weiß ich viel, doch möcht' ich alles wissen!" – denn im Mittelalter war es noch möglich, „alles" zu wissen. Gottfried Wilhelm Leibnitz, der von 1646–1716 lebte, soll über das gesamte Wissen seiner Zeit verfügt haben und wird deshalb als einer der letzten „Universalgelehrten" angesehen. Ende 1989 umfaßte die Bibliothek des amerikanischen Kongresses, die für sich in Anspruch nimmt, „das größte und am leichtesten zugängliche Lager zu sein, in dem das menschliche Wissen gespeichert ist", 98645249 einzelne Bücher, Manuskripte, Karten und Tonträger, Notenblätter, Zeitschriften und technische Abhandlungen. Selbst diese gewaltige Menge ist nur eine Auswahl. Das Gesamtvolumen an Information ist heute unvorstellbar groß. Weltweit erscheinen allein in englischer, deutscher und französischer Sprache etwa 230000 neue Bücher pro Jahr – ein auch nur grober Überblick ist längst keinem Menschen mehr möglich.

Wir wissen zwar, daß zu den uns interessierenden Bereichen eine ungeheure Menge an Ergebnissen, Forschungsberichten, Büchern, Expertenempfehlungen und so weiter nicht nur vorliegt, sondern auch allgemein zugänglich ist – wir kennen aber nicht unbedingt die Möglichkeiten, gezielt an die Informationen

Vor hundert Jahren konnte ein Arzt nach abgeschlossenem Staatsexamen praktisch alle neuen medizinischen Kenntnisse erwerben, wenn er täglich eine Stunde Fachliteratur las. Liest ein Arzt heute ebenfalls im Mittel eine Stunde pro Tag und vier Arbeiten pro Stunde, so schafft er gerade 1 Promille der weltweit erscheinenden medizinischen Fachliteratur. Eine Chemikerin, die sich auf dem jeweils neuesten Wissensstand ihres Berufes halten wollte, müßte 530000 Laborberichte, Doktorarbeiten und Fachzeitschriftenartikel lesen, die jedes Jahr neu erscheinen.

heranzukommen. Oft begnügen wir uns deshalb mit jenen Mitteilungen, die uns mehr oder weniger zufällig erreichen.

Die Vielzahl der Informationen ist nur eine Seite des Problems; noch schwieriger ist die Beurteilung des Wahrheitsgehaltes, die Gewichtung, die Auseinandersetzung mit Widersprüchen. „Fleisch ist Lebenskraft", schreit die Reklame, „Fleisch macht krank", versichern die Kolleginnen von Frau Maler. Artikel in Büchern und Zeitschriften, Beiträge im Fernsehen stützen sowohl die eine als auch die andere Aussage. Wer hat recht, wem soll Frau Maler glauben? Welche Informationen behält sie, welche werden ihr weiteres Verhalten beeinflussen?

Im Moment, in dem wir eine Information lesen oder hören, beginnt erst die Verarbeitung. Die Zeit, die wir für die Aufnahme (Lesen, Hören) benötigen, ist dabei gering im Vergleich zu jener, die die Verarbeitung (kritische Beurteilung, Einordnen, Abwägen) beansprucht. Umso wichtiger ist es, klar zu trennen zwischen Informationen, die nur der Unterhaltung dienen, und jenen, die auch auf längere Sicht für uns von Bedeutung sind und mit denen wir uns intensiver befassen wollen.

3. Von immer weniger immer mehr wissen oder: Die Probleme der Spezialisten

> Sechs blinde Weise versuchen, einen Elefanten durch Tasten zu erkennen. Der erste fühlt seinen Stoßzahn und vergleicht den Elefanten mit einem Speer. Der zweite ertastet die Flanke und beschreibt ihn als Wand. Der dritte hat ein Bein vor sich, was ihn auf die Ähnlichkeit mit einem Baum verweisen läßt. Der vierte fühlt den Rüssel und vergleicht den Elefanten mit einer Schlange, der fünfte betastet das Ohr und zieht den Vergleich mit einem Fächer; der letzte schließlich gerät an den Schwanz und besteht auf der Ähnlichkeit mit einem Seil. Das Ergebnis ist ein großer Streit: Jeder beharrt auf seinen Erkenntnissen – jeder hat recht, was den jeweiligen Körperteil betrifft, und alle haben unrecht, weil keiner das Tier als Ganzes erfaßt hat.
>
> (aus Ch. Hampden-Turner, 1983)

Eine unausweichliche Folge der ständig wachsenden Informationsflut besteht im Zwang zur immer gezielteren Auswahl. Um von den „Wassermassen" nicht weggespült zu werden, bauen wir einen Damm und lassen über enge Röhren nur so viel hinein, wie unser „Reservoir" fassen kann.

Webers Auslegung
Ein Fachmann ist jemand, der immer mehr über immer weniger weiß, bis er zuletzt absolut alles über nichts weiß.

Dies gilt für jeden Einzelnen in seinem Privatleben, aber auch für jeden Wissenschaftler bei seiner Arbeit: Der ständig wachsenden Menge an Publikationen und Forschungsergebnissen kann er nur begegnen, wenn er den Bereich, auf den er sich konzentrieren und in dem er sich kompetent fühlen will, immer genauer abgrenzt. Viele Fortschritte und Erkenntnisse wurden nur durch extreme Spezialisierung möglich.

Zum Problem wird dies dann, wenn die Kompetenz in einem Bereich mit dem völligen Rückzug aus allen anderen erkauft wird, wenn wir den „Elefanten“ aus den Augen verlieren und das Ohr oder den Schwanz für das Ganze halten. Ein Elefant kann nicht verstanden werden, indem man seine Einzelteile genau untersucht – das Studium der Einzelbereiche sagt noch nichts über ihr Zusammenwirken und das gesamte System aus. Die Aufteilung in immer weitere Teilstücke führt außerdem dazu, daß jeder Wissenschaftler sich nur auf seinem Spezialgebiet kompetent und nur dafür verantwortlich fühlt.

Die meisten und die wichtigsten Probleme, denen sich die Menschheit heute gegenübersieht, sind komplex und verlangen einen Einblick in viele verschiedene Wissensgebiete und vor allem andern die Fähigkeit, den Überblick über das Zusammenwirken vieler Faktoren zu gewinnen.

Besonders deutlich wird dies bei den Reaktionen auf Umweltprobleme. Eingriffe in den Naturhaushalt haben vielfältige Auswirkungen und Spätfolgen. Maßnahmen, die beispielsweise von Experten zur Schädlingsbekämpfung ausgearbeitet wurden, wirkten sich in unerwarteter und schwerwiegender Weise auf das ökologische Gleichgewicht ganzer Regionen aus.

Andere Beispiele liefern viele Entwicklungshilfe-Projekte, die die örtlichen Gegebenheiten, sozialen und kulturellen Voraussetzungen, politischen und wirtschaftlichen Abhängigkeiten nicht berücksichtigen: Der aus der Überproduktion Europas und Nordamerikas nach Afrika geschickte Weizen hat vielerorts die Lebens- und Ernährungsgewohnheiten verändert; die einheimischen Bauern können ihre Hirse nicht mehr verkaufen und verzichten auf den Anbau; das Graben immer neuer Wasserstellen bewirkt ein Absinken des Grundwasserspiegels oder eine Überweidung und Versteppung mancher Regionen.

Gefordert ist ein „vernetztes Denken“, ein Denken in Wirkungszusammenhängen.

Unser Dilemma: Anders als die Weisen in der Geschichte, stehen wir nicht nur einem „Informationselefanten“, sondern einem riesigen Informationsberg gegenüber. Wir können ihn nicht bewältigen, sondern nur versuchen, uns wenigstens in einem kleinen Bereich zurechtzufinden. Um überhaupt voranzukommen, müssen wir uns beschränken, abgrenzen, spezialisieren, eine klare Zielsetzung haben. Gleichzeitig dürfen wir die Gefahren der Spezialisierung nicht aus den Augen verlieren, muß sichergestellt werden, daß die Kommunikation zwischen den Spezialisten möglich bleibt, daß die Verantwortung für das Ganze, die Ziele und die Anwendung nicht dabei verlorengehen.

Hiram's Gesetz
Wenn man genügend viele Gutachten bestellt, kann man sich jede Meinung von einem Fachmann bestätigen lassen.

Zusammenfassung

- Wir sind von einer ständigen Flut von Nachrichten und Informationen umgeben. Trotzdem fühlen wir uns in vielen Bereichen unzulänglich informiert und fehlt uns ein Überblick. Immer wieder müssen wir Entscheidungen auf mangelhaften Grundlagen treffen.
- Da weit mehr Informationen vorhanden sind als wir aufnehmen können, bleibt nur die gezielte Auswahl und Spezialisierung. Mit jeder Spezialisierung ist aber die Gefahr verbunden, den Überblick über das Ganze zu verlieren und das Zusammenspiel mit anderen Bereichen zu mißachten.
- Nicht nur die Fülle der Informationen stellt uns vor Probleme, sondern vor allem auch deren Bewertung, das Abwägen widersprüchlicher Aussagen aus verschiedenen Quellen.

II. Der lange Weg der Information

Woher wissen wir, was wir wissen?

Als Krabbelkinder haben wir unsere Erkenntnisse noch in direkter Auseinandersetzung mit der Wirklichkeit gewonnen. Wir haben ausprobiert, wie sich die Dinge anfühlen, wie sie schmekken, was mit ihnen passiert, wenn wir sie stapeln, auf den Boden werfen oder in den Mund stecken.

Welche Informationen gewinnen Sie heute noch durch direkte Erfahrung?

Als Wissenschaftler kommen Sie durch Experimente zu Erkenntnissen, als Hobbygärtner lernen Sie aus dem Gedeihen oder Kümmern Ihrer Pflänzchen dazu, als Hausfrau verbessern Sie Ihre Kochrezepte durch Erfolge und Mißerfolge.

Den weitaus größten Teil unseres Wissens erwerben wir aber nicht durch eigene Erfahrungen. Nur ein winziger Ausschnitt der Wirklichkeit ist uns direkt zugänglich – alle anderen Informationen erreichen uns über Zwischenträger. Die Zwischenträger können die Erfahrung selbst gemacht haben (wenn der Lehrmeister dem Lehrling erläutert, wie eine bestimmte Arbeit ausgeführt wird und wie Fehler vermieden werden). Die meisten Informationen erhalten wir aber aus Zeitungen, Fachzeitschriften, Büchern, Radio, Fernsehen, Seminaren. Wenn wir sie lesen oder hören, haben sie bereits einen langen Weg hinter sich über Beobachter, Korrespondenten, Journalisten, Dozenten. Jede Übermittlung und Zwischenstation verändert die Information, führt zu beabsichtigten oder unbeabsichtigten Entstellungen,

Anreicherungen, Vereinfachungen. Da es zur Einschätzung und Handhabung der Information wichtig ist, die Veränderungen durch den langen Weg zu kennen, soll er hier kurz nachgezeichnet werden.

1. Veränderung durch die Übermittler

Die Schwächen der Lieferanten

> „Jeder Dokumentar weiß, daß die Veröffentlichungen, die gestern, heute und morgen erschienen sind und erscheinen, sich aus 5% wirklichen Neuigkeiten, 15% Darstellungen des bereits bekannten Standes des Wissens und 80% „alten Hüten" zusammensetzen. Wir haben es also in der Information und Dokumentation mit einem Mengenproblem und einem Qualitätsproblem zu tun, und zwar mit einem Qualitätsproblem der Veröffentlichungen, die wir übernehmen und die wir nicht beeinflussen können."

Der arglose Leser geht davon aus, daß Wissenschaftler zuerst bedeutsame Erkenntnisse gewinnen und dann ihre Artikel schreiben, um die Öffentlichkeit daran teilhaben zu lassen. Anlaß zu vielen Publikationen ist aber oft der Zwang, etwas zu schreiben, sei es, um den eigenen Fleiß nachzuweisen, um Geldmittel weiterhin fließen zu lassen oder den Erwartungen nachzukommen. Die Überlegung, was geschrieben werden könnte, steht erst an zweiter Stelle. Hinter manchen Büchern und Artikeln steht somit weniger das Bedürfnis, einen Beitrag zu einer die Menschheit bedrängenden Frage zu leisten, als vielmehr der Wunsch, überhaupt etwas zu schreiben. Ob der Inhalt neu ist und ob ein Bedarf danach besteht, ist oft weniger wichtig.

Für den Informationssuchenden ergibt sich daraus das Problem, aus der Flut von Veröffentlichungen jene wenigen herauszufinden, die wirklich neue Informationen liefern, ohne viel Zeit mit den „alten Hüten“ zu verlieren.

Sicher haben Sie schon Zeitungsartikel über ein Ereignis (eine Demonstration, ein Volksfest, einen Unfall) gelesen, das Sie selbst miterlebt haben. Bei solchen Gelegenheiten stellen wir meist fest, daß die Darstellung in der Zeitung erheblich von unseren eigenen Beobachtungen abweicht und wichtige Einzelheiten falsch oder ungenau dargestellt werden. Es drängt sich dann der Schluß auf, daß ähnliche Ungenauigkeiten auch in anderen Artikeln stecken, deren Wahrheitsgehalt wir nicht überprüfen können.

Die gleichen Schlußfolgerungen lassen sich auch bei manchen wissenschaftlichen Darstellungen und Fachbüchern ziehen: Die nähere Auseinandersetzung mit dem Gebiet, die genaue Kenntnis eines Fachbereiches zeigt oft, daß manche Autoren nicht auf dem neuesten Stand sind, daß sie viele Ungenauigkeiten und Ungereimtheiten von anderen übernommen haben oder selbst nicht so viel von dem Thema verstehen, wie sie den Leser glauben machen wollen.

Jeder einzelne Wissenschaftler hat zwangsläufig seine Wissensschwerpunkte, Bereiche, in denen er sich sehr genau auskennt, andere, in denen er einigermaßen Bescheid weiß, und weitere, in denen er nur einen groben Überblick, aber keine fundierten Detailkenntnisse besitzt. Werden Wissenschaftler oder Experten zu Podiumsgesprächen oder Fernsehdiskussionen eingeladen, kommen stets verschiedene Aspekte zur Sprache. Nicht jeder Gesprächsteilnehmer wird aber nur zu jenen Fragen Stellung nehmen, in denen er wirklich Experte ist. Für den Zuhörer ergibt sich daraus das Problem, die Aussagen zu gewichten, zu beurteilen, welche Beiträge auf gründlichen Kenntnissen beruhen und welche nicht.

„**Tasaday**, kleiner isolierter, erst 1971 entdeckter Volksstamm im trop. Regenwald der Insel Mindanao, Philippinen. Die T. sind Sammler, wohnen in Höhlen und besitzen nur einfache Steinwerkzeuge.“

(Großer Brockhaus)

Daß auch Eintragungen im Großen Brockhaus nicht unbedingt „gesichertes Allgemeinwissen" darstellen, beweist die Geschichte der „Steinzeit- und Höhlenmenschen" Tasaday. In den siebziger Jahren hatte die Entdeckung eines angeblich noch im Steinzeitalter lebenden Volksstammes auf einer philippinischen Insel weltweit großes Aufsehen erregt.

Erst im Frühling 1986 wurde die ganze Geschichte anläßlich des ersten unabhängigen und unangemeldeten Besuches bei den Tasaday als großaufgezogener Betrug des seinerzeitigen philippinischen Ministers für Stammesangelegenheiten entlarvt. Er hatte normale, in Hütten und von Wanderfeldbau lebende Eingeborene gezwungen, sich immer, wenn Besucher kamen, fast nackt in die Höhlen zu setzen.

(Oswald Iten, Neue Zürcher Zeitung 84/1986)

Die Quellen der Quellen

Einen großen Teil unserer „Alltagsinformationen" beziehen wir aus den Nachrichtensendungen in Radio und Fernsehen und aus den Tageszeitungen. Wir gehen davon aus, daß wir über die wichtigsten Ereignisse orientiert sind, wenn wir diese Sendungen gesehen und die Zeitung gelesen haben.

Vor der Erfindung von Zeitungen, Radio und Fernsehen bestand das Problem des Informationssuchenden vor allem darin, genügend Informationen zu erhalten und den Wahrheitsgehalt der ihm übermittelten Botschaften abzuschätzen. Heute sind wir sehr weitgehend von der Auswahl der Massenmedien abhängig. Die Medien beeinflussen große Bereiche unserer Weltsicht. Viele Ereignisse finden nur für die Medien statt (Pressekonferenzen, politische Streitgespräche, Interviews).

Zeitungen, Radio und Fernsehen verfügen über verschiedene Quellen: Die Berichte eigener Korrespondenten, Nachrichtenagenturen sowie Informationen von Pressediensten, zum Beispiel von Parteien, der öffentlichen Verwaltung, von Wirtschaftsunternehmen (siehe Abbildung).

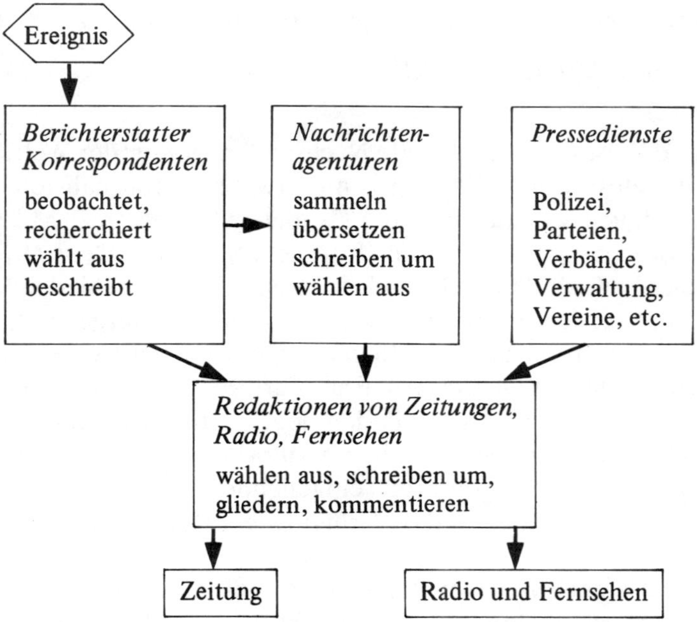

Die erste Formulierung einer Nachricht erfolgt somit in der Regel durch den *Korrespondenten*, der entweder direkt an die Redaktionen oder an eine Agentur berichtet. Er bemüht sich, je nach Art des Ereignisses, um Stellungnahmen, Augenschein, Interviews von Beteiligten, Auskünfte und so weiter und setzt daraus seinen Bericht zusammen. Wie dieser Bericht ausfällt, hängt bereits von vielerlei Faktoren, von den erhaltenen Informationen, deren Verarbeitung durch den Korrespondenten, dessen eigener Einstellung, seiner Wortwahl ab.

Die *Nachrichtenagenturen* sind große Informationssammelstellen. Sie haben Korrespondenten oder Büros in allen großen Städten der Welt; aus den kleineren Orten erhalten sie Mitteilungen von Journalisten lokaler Blätter. Aber auch die größten Agenturen können nicht überall auf der Welt und in allen Bereichen ausreichend vertreten sein. Weltweite Kooperationsabkommen ermöglichen den Austausch zwischen den Agenturen. Einige wenige Quellen speisen somit einen großen Teil des Nachrichtenstromes.

Auswahl ist unumgänglich – nach welchen Kriterien wird ausgewählt

Associated Press (AP), die größte Nachrichtenagentur der Welt, unterhält weltweit über 200 Büros mit etwa 2000 Journalisten. Sie erhält täglich Meldungen in der Größenordnung von 20 Millionen Wörter in sechs Sprachen (Englisch, Spanisch, Deutsch, Französisch, Niederländisch und Schwedisch). Verschiedene Teile davon werden an die einzelnen Regionen weitergeleitet. Aus dem auf Europa zugeschnittenen internationalen Angebot suchen die Auslandsredaktoren in Frankfurt wiederum jene rund zehn Prozent aus, die Eingang in den deutschen Dienst finden. Aber auch große Zeitungen können bestensfalls 10 Prozent der von den Nachrichtenagenturen eingehenden Informationen drucken. Noch extremer ist das Verhältnis bei Radio und Fernsehen.

Wenn aus einer so großen Masse nur wenige Informationen ausgewählt werden können, stellt sich natürlich die Frage, nach welchen Gesichtspunkten diese Auswahl getroffen wird. Mit dieser Frage befassen sich Publizistikwissenschaftler, indem sie beispielsweise Unausgewogenheiten, Einseitigkeiten und politische Tendenzen in den Medien bei der Berichterstattung über Kriminalität, Minderheiten, soziale Randgruppen messen und den Ursachen dafür nachgehen.

Viele Verzerrungen können auf das Bestreben der Medien zurückgeführt werden, die Nachrichten den Bedürfnissen der Empfänger anzupassen. Alle Menschen sehnen sich nach klaren Verhältnissen, Überschaubarkeit und Eingrenzbarkeit von Risiken.

Empfänger von Nachrichten orientieren sich zudem weniger an echten Neuigkeiten, sondern setzen sich bevorzugt mit Themen und Ereignissen auseinander, mit denen sie im Grunde schon vertraut sind. Sie können Meldungen erinnern und verstehen, deren Kerninformationen (Ursachen, Ereignisse, Orte, Personen, Folgen) sie in Beziehung zu ihrem Wissen setzen können.

Bei den Medien ergeben sich daraus folgende Tendenzen:

- Simplifikation: Die Nachrichtenmedien sind bestrebt, möglichst einfach strukturierte Inhalte zu vermitteln. Einfache Nachrichten werden komplexeren vorgezogen, kompliziertere Zusammenhänge möglichst einfach dargestellt.
- Identifikation: Die Medien berichten über Ereignisse, Sachverhalte oder Themen, die den Lesern oder Hörern bereits bekannt sind oder ihnen räumlich, kulturell und zeitlich nahestehen. Weitere Faktoren, die Identifikation ermöglichen, sind bekannte Personen, hochgestellte Persönlichkeiten, bestimmte Nationen und Regionen (Beispiel englisches Königshaus, Haustiere und Lebensumstände von Politikern oder Sportlern).
- Sensationalismus: Wenn die Medien über möglichst dramatische und emotional erregende Sachverhalte berichten, können sie die Aufmerksamkeit ihrer Empfänger gewinnen. Meldungen über Unglücksfälle, Verbrechen, Kuriositäten und Gesellschaftsklatsch werden deshalb besonders herausgestellt, Konflikte und Krisen auf nationaler und internationaler Ebene in den Vordergrund der Berichterstattung gerückt.

Weitere Auswahlkriterien bei den Nachrichtenagenturen wie bei den Massenmedien können auch Rücksichtnahmen oder wirtschaftliche Abhängigkeiten von Großinserenten, politische Bindungen oder Weltanschauungen sein.

Zeitungen bringen das Neueste vom Tag für die große Masse der Leser. Interessiert uns anderes oder vielleicht etwas vom Vorjahr, müssen wir dies zusätzlich beschaffen oder rechtzeitig speichern.

Wenn wir die Schlagzeilen verschiedener Zeitungen vom gleichen Tag vergleichen (Abb. S.32) wird uns klar, daß die Unterschiede nicht zufällig sind. Jede Zeitung hat ein eigenes Gesicht, eigene Bewertungsmaßstäbe, eigene Vorstellungen dessen, was ihre Leser anspricht und druckenswert ist. Wenn wir diese Gesichter, Abhängigkeiten und Standorte kennen, können wir die Informationen, die uns geliefert werden, besser beurteilen.

WELT-Gespräch mit dem „Vater des Retortenbabys" / Seite 9
EG-Kommissar Schmidhuber schreibt in der WELT / Seite 16
DIE WELT
UNABHÄNGIGE TAGESZEITUNG FÜR DEUTSCHLAND
Preis 1,60 DM
Henry Maske auf den Spuren von Schmeling
Rußland droht der Bürgerkrieg
Jelzin verkündet Präsidialherrschaft – Kabinett bewaffnet – Parlament tagt – Verteidigungsminister warnt
Neue Zürcher
und schweizerisches Handel
Der Zürcher Zeitung 214. Jahrgang
Forderte Krause Zusch
für seine Haushaltshil
Begrenzte Präsidialherrschaft in Russland
Kompromissloser Jelzin – Unterstützung durch die Regierung – Flaue Reaktion des Parlaments
Erwarteter Si
Tages Anz
Unabhängige schweizerische Tageszeitung
Schlagabtausch in Mos
Präsident Jelzin erklärt Alleinherrschaft und plant ein R
Frankfurter Allgemein
ZEITUNG FÜR DEUTSCHLAND
soll das Volk entscheiden
Machtkampf im Kreml: Parlament fordert Rücktritt d
Boris Jelzin läßt
Minister bewaf
In Moskau tobte Sonntag ein dramatischer Machtkampf zwischen Präsident Jelzin und dem Parlament, das der Präsident am Vorabend per Dekret entmachtet hatte. Die Abgeordneten fordern nun die Absetzung Jelzins, die Regierung steht hinter dem Präsidenten. Während der Regierungssitzung ließ man Waffen an die Minister ver-
ABENDAUSGABE
KURIER
Unabhängige Tageszeitung für Österreich
Montag, 22. März 1993
Frankreich: Alles rechnete mit dem Sieg der Rechten
Auf Subventionserlaß keinen Einfluß genommen

Durch ihre spezielle Auswahl, ihre Schwergewichte (zum Beispiel großer Sportteil, viel Kultur oder viel Klatsch) erwirbt sich eine Zeitung ihre Stammleserschaft. Die Erwartungen dieser Stammleser beeinflussen wiederum die Auswahl der Nachrichten. Diese Wechselwirkung zwischen Zeitung und Kunden kann aber natürlich nicht zu einer völligen Übereinstimmung führen. Jeder hat sein eigenes Informationsbedürfnis, das von seinen Interessen, seiner Herkunft, seiner Ausbildung und seinen Vorlieben abhängig ist; eine einzelne Zeitung wird diesem individuellen Profil kaum genau entsprechen können. Wir wählen eine Zeitung, weil vielleicht die Kommentare unserer politischen Grundhaltung entsprechen – obwohl möglicherweise die Rubrik „Unglücksfälle und Verbrechen" für unseren Geschmack einen zu breiten Raum einnimmt und andere Nachrichten zu kurz kommen.

Wesentlich sinnvoller als zu versuchen, eine Zeitung ganz zu lesen, ist es deshalb, mehrere Zeitungen im Hinblick auf unsere speziellen Informationsbedürfnisse zu prüfen und einander ergänzende Publikationen regelmäßig zu sichten.

Information als Ware – Die Nachfrage bestimmt das Angebot

Eine Botschaft ist besetzt worden. Die Besetzer stellen ein Ultimatum, die Regierung lehnt Verhandlungen ab.

Nach einem Grubenunglück ist unklar, ob es Überlebende gibt und wie sie gerettet werden könnten.

Ein bisher fast unbekannter Sportler nimmt an einem Turnier teil und schlägt nach und nach die ganze Weltelite.

Millionen von Menschen in der ganzen Welt verfolgen ein solches Ereignis über Fernsehen, Radio, Zeitungen. Es beherrscht über Tage, manchmal Wochen ihre Gedanken. Wer den Fernseher anstellt, die Zeitung aufschlägt, möchte mehr über dieses Thema erfahren, und die Redakteure entsprechen diesem Wunsch. Im Bestreben, auch dann etwas dazu zu bieten, wenn es gar keine Neuigkeiten gibt, werden Angehörige der Betroffenen, nähere und entferntere Bekannte interviewt, Meinungen von Außenstehenden aufgezeichnet, vermutet, spekuliert, verworfen. Da die Zeitungen in der Regel einen festen Umfang, die Nachrichtensendungen eine feststehende Minutenzahl aufweisen, müssen viele andere Informationen hinter der Faszination des einen Ereignisses zurücktreten – obwohl natürlich anzunehmen ist, daß sich während dieser Zeit auf der Welt auch andere wichtige Dinge ereignen.

Megatrends

Der Amerikaner John Naisbitt wies in seinem Bestseller „Megatrends“ nach, daß sich aus den Nachrichten der Zeitungen eines Landes langfristige Entwicklungen erkennen lassen. Der Nachrichtenteil einer Zeitung stellt eine Art von geschlossenem System dar, das sich im Umfang kaum ändert. Wenn etwas Neues unter den Zeitungsnachrichten gemeldet werden soll, muß dafür etwas anderes wegfallen. Wenn neue Probleme auftauchen, werden bisherige aus dem Bewußtsein verdrängt. Aus den sich wandelnden Nachrichtenteilen der Zeitungen ergibt sich deshalb ein Bild der Prioritäten der Gesellschaft.

In den siebziger Jahren nahmen Berichte über das Waldsterben und Umweltprobleme zu, in den achtziger Jahren beherrschten Aids, Gewalt, Asylanten und das Ozonloch die Schlagzeilen.

Eine Zeitung, die nicht druckt, eine Nachrichtensendung, die nicht bringt, was Leser oder Hörer interessiert, wird nicht gekauft oder eingeschaltet. Interessant sind Konflikte, Superlative, Überraschungen. Die Versuchung ist deshalb groß, aufzubauschen, Sensationen erst zu machen, Teilaspekte, die aus dem Rahmen fallen, überzubewerten.

Auf der anderen Seite führt die Tatsache, daß wir vor allem über Katastrophen, Gewalt und Sensationen lesen und hören, zu einem verzerrten Bild der Wirklichkeit: Beiträge über Raubüberfälle und Tötungsdelikte lassen die Menschen die Wahrscheinlichkeit, daß sie selbst von einem solchen Ereignis betroffen sein könnten, weit überschätzen. Nach Berichten über Flugzeugkatastrophen ziehen es viele vor, im Auto zu verreisen – obwohl die damit verbundenen Risiken in Wahrheit wesentlich größer sind.

Kennen Sie Mogelpackungen? In einer großen Schachtel ist viel Luft und eine kleine Tube der angepriesenen Creme; der Käufer bezahlt den stolzen Preis der großen Packung in der Annahme, entsprechend viel Ware zu erhalten.

Wenn Informationen wie Waren vermarktet werden, besteht wie bei anderen Waren der Zwang, die Aufmerksamkeit auf sich zu lenken, sich von anderen zu unterscheiden, Werbestrategien zu entwickeln. Schlagzeilen, die am Kiosk Aufmerksamkeit hervorrufen, sind oft Mogelpackungen – unter der großen Überschrift wird wenig Information geboten oder sogar die in der Schlagzeile enthaltene Behauptung wieder relativiert oder als bloße Vermutung gekennzeichnet.

Wissen ist Macht

„Wenn alle Korrekturen, die in einer Nummer der Times nötig geworden waren, gesammelt und kritisch miteinander verglichen worden waren, wurde diese Nummer neu gedruckt, die ursprüngliche vernichtet und an ihrer Stelle die richtiggestellte Ausgabe ins Archiv eingereiht. Dieser dauernde Umwandlungsprozeß vollzog sich nicht nur an den Zeitungen, sondern auch an Büchern, Zeitschriften, Broschüren, Plakaten, Flugblättern, Filmen, Liedertexten, Karikaturen – an jeder Art von Literatur, die irgendwie von politischer oder ideologischer Bedeutung sein konnte. Einen Tag um den anderen und fast von Minute zu

> Minute wurde die Vergangenheit mit der Gegenwart in Einklang gebracht. (...) Die ganze Historie stand so gleichsam auf einem auswechselbaren Blatt, das genausooft, wie es nötig wurde, radiert und neu beschrieben werden konnte. In keinem Fall wäre es möglich gewesen, nach Durchführung des Verfahrens nachzuweisen, daß eine Fälschung vorgenommen worden war."
>
> (aus „1984" von George Orwell, 1949, S. 39)

In der 1948 geschriebenen Vision George Orwells haben die Bürger von Ozeanien im Jahre 1984 keine Möglichkeit, an unzensierte Informationen heranzukommen oder sie zu speichern; dadurch sind ihnen auch die Voraussetzungen zur eigenen Meinungsbildung und zum Widerstand genommen..

Wer Informationen weitergibt, verfolgt damit eine Absicht; er will eine bestimmte Wirkung beim Empfänger erzielen. Diese Wirkung kann Wissenszuwachs, Freude, Angst oder Beruhigung sein oder in einem bestimmten Verhalten bestehen (Wahl einer Partei, Kauf eines Produktes). Auf der anderen Seite besteht die Versuchung, Informationen, die eine unerwünschte Wirkung haben, zurückzuhalten, abzuschwächen oder zu verändern. Jedes Unternehmen wird die Ergebnisse eines Verbrauchertests, bei dem das eigene Produkt gut abgeschnitten hat, mit großer Lautstärke verkünden, negative Resultate aber möglichst verschweigen. Ergebnisse von Lebensmittelkontrollen, Warenfälschungen, lebensmittelpolizeiliche Schließungen von Betrieben werden selten veröffentlicht. „Wir wollen Panikreaktionen vermeiden", beschließt die Firmenleitung, wenn sie Nebenwirkungen von Arzneimitteln bagatellisiert, „kein Grund zur Beunruhigung", beteuern die Behörden, wenn es um die Feststellung von Chemierückständen geht. Aus taktischen, politischen und wirtschaftlichen Gründen werden Informationen zurückgehalten, etwas umformuliert, leicht entstellt, anders gewichtet und so der beabsichtigten Wirkung angenähert. Gleichzeitig werden politische Gegner und Konkurrenten versuchen, an nachteilige Informationen heranzukommen und diese zu verbreiten. Im Vorfeld von Wahlen oder Ernennungen werden alte Gerüchte ausgegraben, Skandale gesucht. Viele Beispiele der letzten Jahre aus den USA, aus Deutschland und der Schweiz zeigen, daß der Versuch, etwas zu verschweigen oder abzustreiten, dabei oft viel schlimmer ist als der Tatbestand an sich. Erst durch die Desinformationen werden die Politiker untragbar.

Wer eine Information zurückbehält, muß mit Schwierigkeiten rechnen: Gerüchte entstehen, Indiskretionen drohen, das Vertrauen geht verloren. Sensationelle Nachrichten werden von der Boulevard-Presse mit Gold aufgewogen.

Probleme der Informationsvermittlung durch das Fernsehen

Während ein Problem der gedruckten Informationen in der Schwierigkeit besteht, einen beobachteten Sachverhalt in Worten zu beschreiben, vermittelt das Fernsehen den Eindruck größerer Objektivität. Bilder und Geräusche vom Ort des Geschehens erzeugen im Zuschauer die Illusion, dabeigewesen zu sein und somit besser Bescheid zu wissen als der Leser.

52% der Befragten erklärten in einer Umfrage, sie würden sich für das Fernsehen entscheiden, wenn sie nur ein Medium nutzen könnten, 26% nannten das Radio und 20% die Tageszeitung. Gleichzeitig halten 63% das Fernsehen für die glaubwürdigste Quelle, für 22% ist dies die Tageszeitung, für 14% das Radio. Die Information durch das Fernsehen wird als klar, verständlich, vollständig und schnell angesehen – während Untersuchungen (z.B. von B. Wember) längst zeigen, wie wenig die Zuschauer verstehen und behalten.

Fernsehbilder können immer nur einen Ausschnitt zeigen. Oft kommentiert zwar ein Sprecher die bewegten Bilder, relativiert sie und erläutert die Zusammenhänge. Da wir uns jedoch nicht auf zwei Informationsquellen gleichzeitig konzentrieren können, die Bilder aber unsere Aufmerksamkeit beanspruchen, wird der Text, vor allem wenn er schwierig ist, nur noch als ein „Plätschern“ wahrgenommen. Als „Augenmenschen“ registrieren und behalten wir vor allem die Bilder.

Was nicht bebildert werden kann, erscheint im Fernsehen nicht und existiert deshalb für uns nicht. Das Fernsehen zwingt der Presse vor allem größere Geschwindigkeit auf. Weil sie sich dem Fernsehen gegenüber behaupten müssen, zögern auch Zeitungen immer weniger, Informationen ohne vorherige Überprüfung zu liefern und wichtige, aber weniger spektakuläre Informationen zu vernachlässigen. Schlagzeilen verdecken wichtige Ereignisse, Vereinfachungen ersetzen Hintergrundanalysen.

Der 1980 gegründete und zunächst belächelte amerikanische Kanal CNN hat sich auf Weltnachrichten rund um die Uhr spezialisiert und damit offensichtlich eine Marktlücke entdeckt. Mit Life-Übertragungen von Ereignissen, die die Menschen gerade beschäftigen (beispielsweise Bomben, die Zivilisten verstümmeln, die Rettung eines Kindes, das in einen Brunnen gefallen ist, die Vernehmung eines umstrittenen Kandidaten für den Höchsten Gerichtshof der USA), kann er mittlerweile sämtliche Einschaltrekorde brechen und sucht nach den amerikanischen nun auch europäische und asiatische TV-Konsumenten und Werbekundschaft. 1991 erreichte er 75 Millionen Haushalte und beschäftigte 1700 Angestellte. Der CNN-World Report, eine „Welt-Tagesschau“, wird mit Beiträgen und über Ereignisse aus über 130 Ländern zusammengestellt.

Beim Vietnamkrieg hatte die Presse noch weitgehend frei berichten können. Da die Bilder und die Berichterstattung über die zivilen Opfer die Antikriegsbewegung förderten, bemühen sich die Streitkräfte seither, den Medien den Zugang zu den Schauplätzen zu erschweren. Während des Golfkrieges war das bisher größte Medienaufgebot versammelt, das Pentagon steuerte jedoch die Information vollständig.

Die Life-Berichterstattung des Fernsehens, die Schnelligkeit der Übermittlung, die Berichte vom Schauplatz mit den Originalgeräuschen täuschen eine Wahrheit vor, die vergessen macht, daß das von ihnen gezeigte Bild nur einen Ausschnitt darstellt. Es läßt sich auch nicht abschätzen, ob es aus Zeitgründen oder wegen einer Exklusivmeldung gar inszeniert ist und wie weit der

Reporter von den Machthabern benutzt wird. Der amerikanische Medienkritiker Neil Postman weist darauf hin, daß der Grundgedanke der Nachrichtenshows darin bestehe, die Aufmerksamkeit der Zuschauer nicht zu belasten und sie statt dessen durch Abwechslung, Neuigkeiten, Aktion und Bewegung ständig zu unterhalten. Keinem Begriff, keiner Gestalt und keinem Problem braucht man mehr als ein paar Sekunden seine Aufmerksamkeit zu schenken. Postman kommt deshalb zum Schluß, daß die Amerikaner die am besten unterhaltenen und zugleich wahrscheinlich die am schlechtesten informierten Leute der westlichen Welt seien. Nach Meinung Postmans informiert das Fernsehen nicht, sondern erzeugt Meinungen und Gefühle.

Noch deutlicher wird dies bei der Werbung: Früher bestand sie in Aussagen über das zu verkaufende Produkt, die wahr oder falsch sein konnten. Heute besteht die Werbung hauptsächlich in Bildern, von schönen Landschaften, glücklichen Menschen, in Witz oder Stimmung. Sie sagt nichts über das Produkt, das sie verkaufen will, wohl aber über die Gefühle und Sehnsüchte der Menschen, an die sie sich wendet.

Auf diese Probleme hatte Aldous Huxley bereits 1932 in seiner Zukunftsvision „Schöne neue Welt“ hingewiesen:

> *„Hinsichtlich der Propaganda sahen die frühen Vorkämpfer allgemeiner Alphabetisierung und einer freien Presse nur zwei Möglichkeiten voraus: Die Propaganda könnte wahr sein, oder sie könnte falsch sein. Sie sahen nicht voraus, was tatsächlich, und vor allem in den westlichen kapitalistischen Demokratien, geschehen ist – die Entwicklung einer riesigen Industrie der Massenkommunikation, welche sich der Hauptsache nach weder mit dem Wahren noch dem Falschen befaßt, sondern mit dem Unwirklichen, dem mehr oder weniger Belanglosen. Mit einem Wort, sie unterließen es, die fast unbegrenzte Zerstreuungssucht der Menschen zu berücksichtigen.“ (S. 282)*

Zusammenfassung

- Nur ein winziger Teil unseres Wissenszuwachses beruht auf unserer eigenen Auseinandersetzung mit der Wirklichkeit, der weitaus größte Teil wird uns mitgeteilt.
- Wenn uns eine Information erreicht, hat sie in der Regel bereits einen langen Weg über viele Stationen hinter sich.
- Jede Übermittlung führt auch zu einer Veränderung durch Wahrnehmung, Auswahl, Wortschatz und Zielsetzung des Informanten.
- Was in den Zeitungen und Nachrichtensendungen erscheint, ist nur ein sehr kleiner Teil dessen, was Korrespondenten in aller Welt zusammentragen.
- Welche Nachrichten weitergegeben werden, hängt von vielen Faktoren ab; wirtschaftliche und politische Abhängigkeiten spielen ebenso eine Rolle wie der „Marktwert" der Information.
- Informationen, die erwünschte Wirkungen haben, werden eher weitergegeben als solche, deren Wirkung auf den Empfänger vom Standpunkt des Übermittlers unerwünscht sind.
- Fernsehbilder erwecken im Zuschauer den Eindruck größerer Verläßlichkeit, können aber immer nur einen Ausschnitt und nur die Oberfläche zeigen. Sie sind eher geeignet, Gefühle zu wecken als sachliche Informationen zu vermitteln.

2. Veränderung durch den Empfänger

Der lange Weg der Information ist noch keineswegs zu Ende, wenn sie uns zu Gehör oder vor die Augen kommt. Die tägliche Erfahrung zeigt, daß längst nicht alles, was um uns vorgeht, von uns registriert, nicht alles, was von uns registriert wird, verstanden, und nicht alles, was verstanden, behalten wird. Eine Vielzahl von Faktoren steuern unsere Wahrnehmung, unsere Aufmerksamkeit, unser Gedächtnis und beeinflussen unser Erinnerungsvermögen. Nur so ist es zu erklären, daß verschiedene Leute die gleiche Situation später völlig unterschiedlich schildern können.

Vier Familienmitglieder schauen die Fernsehnachrichten an. „Gab's was Wichtiges in der Tagesschau?" fragt der Vater, der erst später kommt. „Nichts Besonderes", antwortet die Mutter, „irgendeine langweilige Debatte im Bundestag." Oma erinnert sich an einen Empfang des schwedischen Königspaares, der eine Sohn an einen neuen Weltrekord im Schwimmen, der andere an den mißlungenen Start einer Weltraumrakete und daran, daß das Wetter schlecht bleiben soll.

Für den Umgang mit Informationen ist es wichtig, diese Faktoren zu kennen. In den folgenden Abschnitten werden deshalb einige wichtige Erkenntnisse über die Grenzen des menschlichen Aufnahmevermögens, den Ablauf des Wahrnehmungsvorgangs und der weiteren Verarbeitung der Informationen durch den Empfänger dargestellt.

Die Werkzeuge: Was nehmen wir wahr?

„Man soll sich hierüber nicht täuschen: Das menschliche Gehirn entstand nicht zwecks Weltverständnis, sondern zwecks Existenzerhaltung unter Bedingungen, die von den gegenwärtigen wesentlich verschieden waren.

Die informationelle Situation des Menschen entspricht (...) der eines zu kleinen Computers, dem ständig Aufgaben gestellt werden, die seine Aufnahme-, Verarbeitungs- und Speicherkapazität bei weitem überfordern."

(K. Steinbuch, 1978, S. 157)

Wir gehen davon aus, daß wir mit unseren Sinnesorganen „die Wirklichkeit“ wahrnehmen. Obwohl dies von Philosophen schon lange bezweifelt wurde, begann eine systematische Überprüfung erst in unserem Jahrhundert. Der Wahrnehmungsapparat und damit das „Bild der Welt“ entwickelte sich über Jahrmillionen und ist bei den verschiedenen Tierarten sehr unterschiedlich. Es gibt Tiere, die Ultraschall hören, andere, deren Augen besonders stark zwischen Farbtönen unterscheiden, während wieder andere nur Bewegungen wahrnehmen können. Alle Erkenntnisse, die Lebewesen über die Außenwelt gewinnen, sind zwar richtig, können aber niemals vollständig sein.

Ein extremes Beispiel stellt der vom Naturforscher Jakob von Uexküll geschilderte Wahrnehmungsapparat der Zecke dar. Die Zecke braucht zur Reifung Säugetierblut. Sie wartet an der Spitze eines kleinen Astes, bis durch Zufall ein warmblütiges Tier unter ihm durchgeht, in dessen Fell sie sich fallenlassen kann. Wissenschaftler haben festgestellt, daß Zecken in dieser Situation viele Jahre verharren können und ihre Wahrnehmungsfähigkeit während dieser Zeit ausschließlich auf den Geruch von Buttersäure, wie ihn die Schweißdrüsen von Säugetieren produzieren, beschränkt ist. Trifft die Zecke sodann auf ein Objekt von 37° Wärme, bohrt sie ihren Saugstachel ein. Für ihre Zwecke reicht die Wahrnehmung von Buttersäure und der Körpertemperatur völlig aus.

Die menschliche Wahrnehmungsfähigkeit ist derjenigen der Zecke weit überlegen – aber dennoch hat die Welt viele Eigenschaften, die für den Menschen nicht vorstellbar sind. Wir sind zwar die ersten Lebewesen, die erkannt haben, daß es außerhalb der von uns wahrnehmbaren eine „objektive“ Welt geben muß. Die Fortschritte der Naturwissenschaft und der Technik machten es dem Menschen möglich, Eigenschaften der Umwelt festzustellen und zu messen, die außerhalb der Empfänglichkeit ihrer Sinnesorgane liegen (zum Beispiel Radiowellen, Röntgenstrahlen). Diese Möglichkeiten lassen jedoch vermuten, daß es darüber hinaus noch zahlreiche weitere objektive Eigenschaften der Welt gibt, von denen wir nie etwas erfahren werden.

Aber auch der kleine uns zugängliche Ausschnitt der Wirklichkeit wird von unserem Gehirn nicht wirklichkeitsgetreu aufgenommen: Die Wahrnehmung vollzieht sich nicht in den Sinnesorganen, sondern im Gehirn. Die Sinnesorgane leiten die Umweltreize als elektrische Impulse ans Gehirn weiter. Erst das Gehirn weist diesen Signalen Bedeutung zu und stützt sich dazu auf frühere Erfahrungen. Wie wir etwas wahrnehmen, hängt von zahlreichen Faktoren der bewußten und unbewußten Verarbeitung ab, von der Funktion unserer Sinnesorgane ebenso wie von der Arbeitsweise unserer Nervenfasern und unseres Gehirns. Jede Wahrnehmung wird von den persönlichen Erfahrungen, Erwartungen und Zielsetzungen des einzelnen beeinflußt; jeder setzt sich sein eigenes Bild zusammen.

Ohne unser Gedächtnis, also ohne frühere Erfahrungen, deren Ergebnisse wir heute wieder bewußtmachen können, wäre keine Wahrnehmung möglich. Wir machen Erfahrungen und wir lernen, weil wir schon etwas wissen und diese Information aus unserem Gedächtnis abrufen.

Wahrnehmung ist immer auch Interpretation. Dies zeigt sich beispielsweise daran, daß wir Muster und Ordnungsprinzipien auch dort erkennen, wo keine vorgegeben sind. Wir sehen Figuren in Wolken oder in Zufallsmustern. Ganze Tests beruhen darauf, daß bei gleichen Vorgaben (Tintenklecksen) jede Versuchsperson etwas anderes sieht. Auch Umkehrfiguren (vgl. Abb.) zeigen, daß wir nicht einfach die äußeren Gegebenheiten wahrnehmen, sondern diese immer auch interpretieren.

Jastrow:
„Hase vs. Ente"-Figur

Fisher:
„Mann vs. Mädchen"-Figur

Wie arbeitet das Gehirn?

Einen wichtigen Beitrag zur Gehirnforschung lieferte die Entdeckung, daß sich im Laufe der Evolution die beiden Gehirnhälften (Hemisphären) spezialisiert haben. Die beiden Gehirnhälften sind zwar äußerlich sehr ähnlich, übernehmen aber unterschiedliche, einander ergänzende Aufgaben. Die *linke* Hemisphäre, die die rechte Körperseite kontrolliert, ist auf die Verarbeitung zeitlich aufeinanderfolgender Informationen eingestellt, auf Sprache und Rechnen, auf Einzelheiten und lineares Denken. Sie analysiert, prüft, erklärt.

Die *rechte* Hemisphäre kontrolliert die linke Körperseite und nimmt die Informationen gleichzeitig und ganzheitlich auf; sie ist auf die räumliche Orientierung, auf das Erkennen von Bildern, Musik und Mustern spezialisiert, spielt, phantasiert.

Ursprung dieser Erkenntnisse war die Beobachtung der Folgen, die Gehirnverletzungen auf bestimmte Fähigkeiten hatten: Der Ausfall der linken Hemisphäre führt zu Sprachstörungen, Beeinträchtigungen der rechten Hemisphäre dagegen zur Verminderung der räumlichen Orientierung.

Auch Untersuchungen an Personen, bei denen beispielsweise wegen Epilepsie in einer Operation die Verbindung zwischen den beiden Hirnhälften durchtrennt wurde (Split-brain-Patienten), geben Hinweise auf die unterschiedlichen Funktionsweisen: Gelangen Informationen nur zur linken Hirnhälfte, können die Patienten lesen und detailliert berichten (verbal), gelangen sie zur rechten Hemisphäre, können die Personen eine Szene beobachten, gefühlsmäßig darauf reagieren, aber nicht darüber sprechen: Sie denken sich stattdessen eine zu ihren Gefühlen passende Geschichte aus. Aus diesem Ergebnis werden Schlußfolgerungen auch auf das Verhalten von gesunden Personen gezogen: Gefühle, Stimmungen, die aus nicht einsehbaren Ursachen stammen, werden vom Gehirn „logisch" erklärt.

Eine ähnliche Interpretation könnte auch für Träume gelten: Das Gehirn stellt Zusammenhänge zwischen Gefühlen und Informationen her.

Natürlich sind normalerweise beide Gehirnhälften an den Denk- und Steuerungsprozessen beteiligt. Wichtig ist vor allem das Zusammenspiel und die Integration der verschiedenen Zugänge.

Bei der Beobachtung unserer Denkabläufe stellen wir schnell fest, daß das Gehirn nicht linear arbeitet: Während wir mit jemandem sprechen und uns bemühen, sinnvolle Sätze zu formulieren, läuft ein ständiger komplizierter Prozeß von Sortieren und Auswählen ab, tauchen Assoziationen auf. Ganze Netzwerke von Wörtern und Ideen werden geprüft, verworfen, zurückgestellt und miteinander verknüpft, um dem Gesprächspartner eine bestimmte Information mitzuteilen.

Ein ähnlicher Prozeß spielt sich beim Zuhören ab. Wir nehmen nicht einfach eine Aneinanderreihung von Wörtern auf, sondern stellen jedes Wort in einen Zusammenhang. Gleichzeitig wählen wir aus der Bedeutungsvielfalt jedes einzelnen Wortes unsere eigene spezielle Interpretation aus, die von unseren früheren Erfahrungen bestimmt wird.

Was wird gespeichert?

Frau Müller will eine Auskunft einholen. Sie sucht die Telefonnummer der Firma im Telefonbuch, wählt und hängt wieder ein, weil besetzt ist. Zwei Minuten später will sie's erneut versuchen und muß die Nummer nochmals nachschlagen, weil sie sie bereits wieder vergessen hat.

Im Supermarkt stellt sie fest, daß sie ihren Einkaufszettel zuhause liegengelassen hat. Angestrengt bemüht sie sich, sich daran zu erinnern, was sie alles aufgeschrieben hatte, und ärgert sich über ihr unzuverlässiges Gedächtnis.

Ihr alter Vater kann sich die Namen der Gäste, die zum Abendessen kommen, nicht merken. Als aber die Rede auf die Schule kommt, rezitiert er fehlerfrei das Gedicht vom „Erlkönig", das er vor mehr als 70 Jahren gelernt hat.

Wer hat sich noch nie beklagt, daß sein „Gedächtnis wie ein Sieb" sei, wer ärgert sich nicht, wenn andere sich an Namen oder Geburtstage erinnern, die er selbst vergessen hat? Wie funktioniert das Gedächtnis, welche Erkenntnisse kann die Forschung dazu beitragen?

Die Beobachtung, daß viele Inhalte (zum Beispiel Telefonnummern) zwar eine kurze Zeit im Bewußtsein bleiben, dann aber wieder vergessen werden, manche Erinnerungen dagegen ein Leben lang verfügbar bleiben, läßt sich damit erklären, daß das Gedächtnis in mehreren Stufen arbeitet. Unterschieden wird das *Kurz-* und das *Langzeit*gedächtnis sowie eine Zwischenstufe.

Alle durch die Sinnesorgane aufgenommenen Impulse kreisen zuerst in Form elektrischer Schwingungen in unserem Gehirn; ist keine Aufmerksamkeit vorhanden oder können die Informationen nicht mit bereits gespeicherten Mustern oder Begriffen verbunden werden, klingen sie nach einigen Sekunden wieder ab. Durch Wiederholungen (zum Beispiel Aufsagen der zu wählenden Telefonnummer) können Informationen auch länger im Kurzzeitgedächtnis behalten werden. Da die Inhalte während dieser Zeit ständig präsent sind, wird das Kurzzeitgedächtnis auch *primäres* Gedächtnis genannt.

Das *Langzeitgedächtnis* behält die Erinnerung tage-, jahre- oder ein Leben lang. Die Bildung der dauerhaften Gedächtnisspur, die auf strukturellen Veränderungen in den Gehirnzellen beruht, nimmt einige Zeit in Anspruch. Zur Überbrückung dieser Zeit dient ein *intermediäres* Gedächtnis. Es ist durch äußere Einflüsse störbar. Bekannt ist beispielsweise das Phänomen des *Unfallschocks*: Der Betroffene hat die Erinnerung an die dem Unfall unmittelbar vorausgehenden Ereignisse völlig verloren, während die bereits im Langzeitgedächtnis gespeicherten Informationen intakt sind.

Der Biochemiker F. Vester vergleicht den Speicherprozeß anschaulich mit der Herstellung eines Fotos: Das Kurzzeitgedächtnis entspricht dem Nachleuchten eines Bildes auf einer phosphoreszierenden Platte. Das intermediäre Gedächtnis kann mit dem Entwickeln des Negativs einer fotografischen Aufnahme vergli-

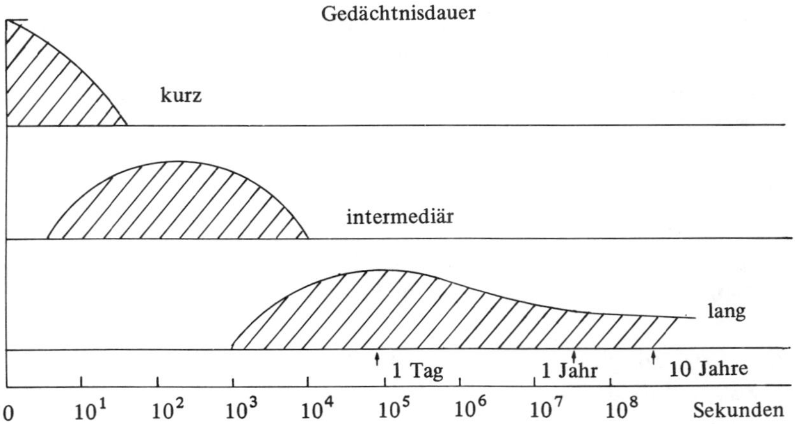

(Dauer der drei Gedächtnisstufen (logarithmische Zeitskala)
(nach: J. Eccles, 1982, S. 483)

chen werden: Wird das Negativ ohne Fixierung aus dem Entwickler genommen und ans Licht gehalten, wird es schwarz und ist bald nicht mehr zu erkennen. Nur wenn das Negativ entwikkelt, kopiert und die Kopie im Fixierbad behandelt wird, ist die längere Speicherung – entsprechend dem Langzeitgedächtnis – gesichert.

Die langfristige Speicherung von Wissen in unserem Kopf stellen wir uns als ein Netzwerk vor, in dem die Wisseneinheiten vielfältig miteinander verknüpft sind. Die Verknüpfungen spielen dabei in mehrfacher Hinsicht eine wichtige Rolle: Sie geben den Informationen Sinn und ermöglichen es, in der Erinnerung von allgemeinen Einheiten zu Einzelheiten fortzuschreiten.

Wichtig für alles Lernen und die Verarbeitung von Informationen ist vor allem die Prüfung, welche Faktoren darüber entscheiden, ob ein Inhalt gleich wieder vergessen oder langfristig behalten wird.

– Die wichtigste *Grenze* unseres Gedächtnisses liegt im *Umfang unseres Kurzzeitgedächtnisses*. Da wir nur etwa sieben Einzelheiten auf einmal unsere Aufmerksamkeit schenken können,

gehen beim gleichzeitigen Eintreffen zahlreicher Einzelheiten viele wieder verloren. Die Anfälligkeit für Störungen und Verdrängungen ist während der ersten Zeit der Gedächtnisbildung groß.
- Eine zentrale Bedeutung kommt der *Motivation* zu. Sinneseindrücke, denen wir keine Aufmerksamkeit schenken, für die wir uns nicht interessieren, werden nicht gespeichert. An Erlebnisse, an denen wir gefühlsmäßig starken Anteil nahmen, erinnern wir uns dagegen ein Leben lang.

Die Grundlagenforschung sowie Trainingsexperimente haben gezeigt, daß der Erwerb und die Speicherung durch *sinnvolle Strategien* verbessert werden.

Zu diesen Strategien gehören:

- *Verknüpfungen (Elaborationen)* der neu aufzunehmenden mit bereits gespeicherten Inhalten (zum Beispiel durch selbstgestellte Fragen, bildhafte Vorstellungen) fördern nicht nur das Verstehen, sondern auch das Behalten. Neu zu erlernendes Wissen wird umso besser behalten, je stärker und vielfältiger es durch Elaborationen mit dem Vorwissen des Lernenden verknüpft wird. Gedächtnis-(Mnemo-)techniken beruhen in der Regel auf Hinweisen, wie Einzelinformationen (zum Beispiel Zahlen, Wörter) mit einem vorher erworbenen System verbunden werden können: Einzelne Wörter werden zu sinnvollen Sätzen oder Geschichten zusammengestellt, Zahlen oder ganze Redekonzepte durch bildhafte Vorstellungen im Gedächtnis verankert. Bereits gelernte und verstandene Stoffe ebenso wie Erlebnisse und Erfahrungen wirken wie ein Netz: Neue Sinneseindrücke, Informationen, Lernstoffe, die einen Bezug zu diesem Netz haben, die sich sinnvoll verknüpfen lassen, werden gespeichert; was ohne einen solchen Bezug bleibt, schlüpft durch die Maschen.
- *Auswahl (Reduktion):* Der Lernende verdichtet große Informationsmengen auf das Wesentliche hin, identifiziert die Hauptideen in bezug auf seine eigene Zielsetzung. Techniken wie zum Beispiel Mapping (hierarchisch gegliederte Karten),

die die Gesamtstruktur zeigen, Tabellen, bildliche Darstellungstechniken wie Graphiken, Mind-Maps aus den wichtigsten Elementen (vgl. S. 156) unterstützen diesen Prozeß.
- Wichtig ist auch, daß wir uns klarwerden, welches unser bevorzugter *Lernstil* ist, und diesen nach Möglichkeit anwenden (vgl. R. Schräder-Naef „Lerntraining für Erwachsene").

Die individuellen Filter

Stellen Sie sich vor, Sie hätten gerade einen Intelligenztest durchgeführt und dabei wesentlich schlechter abgeschnitten als Sie erwartet hatten. Sie haben nun die Möglichkeit, unter verschiedenen Texten über Intelligenztests entweder solche auszuwählen, die sich mit der Fragwürdigkeit solcher Verfahren befassen, oder aber solche, die deren absolute Zuverlässigkeit betonen. Welche Artikel würden Sie lesen?

Mit solchen Fragestellungen befassen sich viele psychologische Experimente, seit der amerikanische Sozialpsychologe Leon Festinger 1957 seine Theorie der *kognitiven Dissonanz* (Kognition = Informationsverarbeitung, Dissonanz = Unstimmigkeit, kognitive Dissonanz = Unstimmigkeit bei der Verarbeitung von Informationen) veröffentlichte. Eine kognitive Dissonanz besteht, wenn verschiedene Elemente, die wir wahrnehmen, nicht zusammenpassen, wie beispielsweise auf der einen Seite die Feststellungen „Ich möchte gesund bleiben" und „ich rauche", auf der anderen Seite die Information „Rauchen ist schädlich für die Gesundheit". Die Theorie besagt, daß der Betroffene bestrebt sein wird, dieses Ungleichgewicht abzubauen. Er hat dabei die Wahl, entweder sein Verhalten zu ändern (mit Rauchen aufhören) oder Informationen zu suchen, die die Dissonanz vermindern (Aussagen, wonach der Zusammenhang zwischen Rauchen und Gesundheitsschäden nicht erwiesen sei); gleichzeitig wird er Informationen vermeiden, die die Dissonanz verstärken.

Ein Jahr nachdem die ersten wissenschaftlichen Untersuchungen auf die Zusammenhänge zwischen Krebserkrankungen und Zigarettenkonsum hingewiesen hatten, wurden Raucher und Nichtraucher über ihre Meinung hinsichtlich der Zuverlässigkeit dieser Untersuchungen befragt. Es ergab sich folgendes Bild:

	Prozentsatz, die der Meinung waren, der Zusammenhang sei		
	erwiesen	nicht erwiesen	keine Meinung
Nichtraucher (348 Personen)	29	55	16
Schwache Raucher (59 Personen)	20	68	12
Mäßige Raucher (105 Personen)	16	75	9
Starke Raucher (41 Personen)	7	86	7

(L. Festinger, 1978)

Die Neigung, Informationen auszuweichen, die nicht zu anderen Wahrnehmungen passen, wurde in einem anderen Experiment ebenfalls anhand des „Raucherdilemmas" nachgewiesen:

Die Versuchspersonen hörten Vorträge von einem Tonband, deren Titel und Zusammenfassung ihnen vorher bekanntgegeben wurde. Inhalt: „Rauchen verursacht Krebs" und „Rauchen verursacht keinen Krebs". Die Versuchspersonen wurden gebeten, die Vorträge zu beurteilen. Gleichzeitig wurde ihnen erklärt, daß in der Aufnahme leider Störgeräusche vorhanden seien, die aber durch Knopfdruck beseitigt werden könnten. Gemessen wurde sodann, wie oft Raucher und Nichtraucher bei den beiden Reden auf den Knopf drückten, um die Störgeräusche zu entfernen. Die Ergebnisse entsprachen den Voraussagen der Dissonanztheorie: Bei den Reden, die einen Zusammenhang zwischen Rauchen und Krebs bestritten, versuchten die Raucher öfter als die Nichtraucher, die Störungen zu beseitigen, während Nichtraucher die Knöpfe öfter drückten, wenn von einem starken Zusammenhang die Rede war.

(Brock und Balloun, 1967, zitiert von D. Frey, 1981)

Eindeutig war die Tendenz auch bei den Versuchspersonen, die dem am Anfang dieses Kapitels (S. 49) beschriebenen Experiment unterzogen wurden: Schüler wurden zunächst um eine Selbsteinschätzung ihrer Intelligenz gebeten. Nach Durchführung eines Intelligenztests wurden ihnen ihre angeblichen Leistungen mitgeteilt, die unter den erwarteten lagen. Je schlechter das (angebliche) Testergebnis war, desto stärker war der Lesewunsch nach Artikeln, die sich negativ über die Intelligenzmessung aussprachen (D. Frey, 1981).

Erklären lassen sich diese Ergebnisse mit dem Bedürfnis der Menschen nach einem „stimmigen Weltbild". Informationen, die nicht mit dem Selbstbild, den eigenen Meinungen und Wertungen und dem eigenen Verhalten übereinstimmen, erzeugen Unbehagen. Durch Abwehr oder Abwertung der Unstimmigkeit wird die „Harmonie" wiederhergestellt.

Die Theorie der kognitiven Dissonanz ließ sich zwar nicht in allen Einzelheiten bestätigen. Mittlerweile wurde nachgewiesen, daß noch andere Motive das Informationsverhalten bestimmen. Das Bedürfnis nach Kompetenz und Vollständigkeit kann unter bestimmten Bedingungen dazu führen, daß auch widersprüchliche Informationen aktiv gesucht werden. Dennoch haben diese Ergebnisse weitreichende Konsequenzen. Der Wunsch nach einem „stimmigen Weltbild", nach Klarheit, Einfachheit und Übersichtlichkeit führt leicht zu Schwarz-Weiß-Malerei. Den Informationen, die unsere Meinung bestätigen, wenden wir uns mit besonderer Aufmerksamkeit zu, wir nehmen sie eher auf und behalten sie besser. Auf der anderen Seite versuchen wir jene Informationen zu überhören oder mißachten, die unserem Weltbild widersprechen.

Das beginnt damit, daß wir selbstverständlich jene Zeitungen und Zeitschriften lesen, deren Kommentare und Sichtweise mit unserer politischen Überzeugung übereinstimmen, daß wir im Fernsehen, Radio und bei unserer Buchlektüre die Informationen auswählen, die sich am besten in unser Weltbild einfügen lassen. Bei Wahlveranstaltungen zeigt sich, daß der größte Teil der Besucher dieselbe Meinung wie der politische Redner vertritt. Kontakte pflegen wir vor allem mit Bekannten mit „gleicher

Wellenlänge", Gedankenaustausch suchen wir mit jenen Menschen, deren Meinungen und Überzeugungen wir teilen. Zwar läßt es sich nicht immer vermeiden, daß wir auch auf andere Meinungen und Informationen treffen; doch da steht das Gedächtnis auf unserer Seite und vergißt solche Inhalte möglichst schnell wieder.

Dank dieser Mechanismen stimmt unser Weltbild – und wir sind immer aufs neue überrascht, wenn wir mit der Tatsache konfrontiert werden, daß große Teile der Bevölkerung diese Sicht nicht teilen und beispielsweise von der Notwendigkeit einer bestimmten Maßnahme immer noch nicht überzeugt sind und einen Politiker immer noch unterstützen, der in unseren Kreisen und bevorzugten Zeitungen nur geschmäht wird ...

> *Churchill's Kommentar über den Menschen*
> *Der Mensch wird gelegentlich über die Wahrheit stolpern, aber meistens wird er wieder auf die Beine kommen und weitermachen.*

Diese individuellen Brillen sind auch dafür verantwortlich, daß die Macht der Massenmedien längst nicht so groß ist, wie von vielen gefürchtet wird: Meinungen, Überzeugungen und Vorurteile sind durch gegenläufige Informationen nur schwer zu erschüttern. Die Massenmedien liefern zwar das Material. Die Konsumenten wählen aber nicht nur aus, welchen Inhalten sie sich zuwenden wollen, sondern auch, welche Aspekte davon sie ganz, verstümmelt oder verzerrt aufnehmen wollen. Massenmedienforscher, die sich mit diesen Zusammenhängen befassen, kommen denn auch zum gleichen Schluß wie die Sozialpsychologen im Laboratorium: Die Zuschauer und Leser sind nicht etwa die Marionetten der Massenmedien, sondern eher Puppenspieler, die mit den erreichbaren Materialien so spielen, daß sie ihren eigenen Bedürfnissen, ihren Wünschen, Hoffnungen und Ängsten entsprechen. Diese Tatsachen erschweren es nicht nur politischen Parteien oder Werbemanagern, ihre Botschaften wirksam zu vermitteln. Sie führen auch dazu, daß gutgemeinte Programme wie zum Beispiel Aufklärungskampagnen zur Ge-

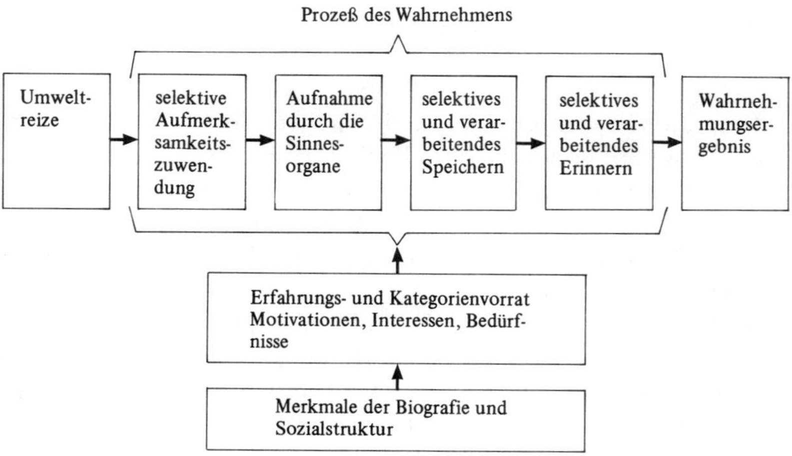

(nach Baldo Blinkert, 1984, S. 185)

sundheitsvorsorge oder Bildungsprogramme zum Abbau von Vorurteilen ihr Zielpublikum nicht erreichen.

Weitere Faktoren, die unsere Wahrnehmung beeinflussen und unsere Aufmerksamkeit lenken, sind Stimmungen und Zustände: Der glücklich Verliebte sieht die Welt in „rosa Farben", der Depressive nimmt nur noch Probleme und Tragödien wahr. Hunger treibt uns dazu, unsere Umwelt nur nach Eßbarem abzusuchen, Müdigkeit schränkt unsere Wahrnehmung stark ein. Diese Zusammenhänge sind bekannt; aber auch weniger extreme Stimmungslagen beeinflussen uns ständig und steuern unsere Aufmerksamkeit. Unser Gedächtnis produziert keine Kopie des Geschehenen, sondern eine von unseren Gefühlen und Erwartungen abhängige Interpretation.

Bei der Suche und Verarbeitung von Informationen muß uns bewußt sein, daß nicht nur wir selbst ein Bedürfnis nach einem stimmigen Weltbild haben, sondern daß dies für unsere Quellen genauso zutrifft. Auch Wissenschaftler und Publizisten haben die Neigung, Erkenntnisse und Ergebnisse, die mit der eigenen Theorie, den eigenen Einstellungen übereinstimmen, bevorzugt aufzunehmen und wiederzugeben, abweichende Ergebnisse dagegen abzuwerten, zu ignorieren oder zu verzerren.

Fehlende Voraussetzungen

Informationen werden vom menschlichen Gehirn nicht einfach aufgenommen, sondern in vielfacher Weise gefiltert, interpretiert und verändert. Diese Verarbeitung stellt aber nicht das einzige Problem bei der Auseinandersetzung mit Informationen dar. Viele Schwierigkeiten sind auf fehlende Lernprozesse und Erfahrungen zurückzuführen.

Wir können uns unmöglich in alle uns interessierenden Gebiete einarbeiten; in den meisten Bereichen müssen wir uns auf Experten verlassen. Wenn uns aber selbst der Überblick fehlt, wenn wir mit einem Stoff nicht vertraut sind, können wir kaum beurteilen, ob Aussagen anderer fundiert und objektiv oder oberflächlich und einseitig sind.

Die Kriterien, aufgrund derer wir andere als „Experten" ansehen, müssen durchaus nicht stichhaltig sein. Wir lassen uns oft lediglich von einer komplizierten, mit Fachausdrücken gespickten Sprache beeindrucken. Auch akademische Titel führen dazu, daß den Erklärungen des Trägers größeres Gewicht beigemessen wird – obwohl auch Professoren und Doktoren in allen Bereichen, die nicht ihr eigentliches Fach betreffen, nur Laien sind.

Zum richtigen Umgang mit Informationen gehören vor allem Distanz und die Fähigkeit, zwischen Tatsachen und Meinungen zu unterscheiden, kritisch zu bewerten, zu überprüfen, vergleichen, nachzuhaken. Viele Leute scheuen bereits davor zurück, Fragen zu stellen, lassen sich allzu leicht abspeisen und ziehen sich resigniert zurück.

Mit der Zunahme des Wissens und der Publikationen wurden in den letzten Jahrzehnten auch immer mehr Einrichtungen und Hilfsmittel zur besseren Orientierung in der Informationsflut geschaffen: Bibliographien, Sammelwerke, Datenbanken, neuere und rationellere Systeme der Literaturbeschaffung. Diese Hilfsmittel werden vor allem von Wissenschaftlern und Studenten benutzt. In die allgemeinbildenden Schulen haben sie bisher kaum Einzug gehalten. Wer sein Studium oder seine Berufsausbildung schon vor einiger Zeit abgeschlossen hat, wurde damit noch nicht konfrontiert. Zwar hört „man" von diesen Möglichkeiten; die Barrieren, sich mit ihrer Nutzung vertraut zu machen, sind aber für viele zu hoch.

Viele wissen nicht mehr, wie sie in Buchhandlungen an die Bücher kommen, die sie interessieren, und finden sich in großen Bibliotheken nicht zurecht. Da sie aber auch Hemmungen haben, ihre Unsicherheit zuzugeben und sich mit ihren Fragen an das Personal zu wenden, bleiben sie diesen Einrichtungen lieber ganz fern und verlassen sich auf die Informationen, die „ins Haus geliefert" werden.

Die Folge ist, daß sich der Informationsabstand zwischen jenen, die mit allen Hilfsmitteln und Möglichkeiten arbeiten können, und den andern, die davon keinen Gebrauch machen, ständig vergrößert. Die Schere öffnet sich durch verschiedene Wechselwirkungen: Wer weiß, wo und wie Informationen zu beschaffen sind, ist nicht darauf angewiesen, blind alles zu glauben, was geschrieben und gesagt wird; wer sich selbst informiert, wird dies systematischer und fundierter tun, kritischer abwägen und genauer vergleichen. Durch den ständigen Gebrauch der entsprechenden Werkzeuge verbessert sich der Umgang mit ihnen – während die Zurückhaltung im Gebrauch zur Vergrößerung der Unsicherheit und damit der Resignation führt.

Information als Unterhaltung – Der Zufall führt Regie

Für die meisten Menschen stellt die Informationsaufnahme einen festen Bestandteil ihres Tagesablaufes dar. Wir sind höchst unzufrieden, wenn die Tageszeitung nicht pünktlich zum Frühstück geliefert wird. Werden wir durch Besucher oder einen Telefonanruf daran gehindert, die Tagesschau zu sehen, „fehlt" uns etwas, fühlen wir uns desinformiert. Diesem hohen Stellenwert, den wir den Nachrichten einräumen, stehen Untersuchungsergebnisse gegenüber, die zeigen, wie wenig davon wirklich aufgenommen wird. Was wissen Sie abends noch von der Morgenzeitung, am anderen Morgen noch von den Nachrichten?

Fernsehzuschauer haben zwar ein starkes Bedürfnis, über die neuesten Ergebnisse informiert zu werden, sind aber mit einer oberflächlichen Übersicht bereits zufrieden: Gemäß einer Umfrage steht die „Tagesschau“ an der Spitze des Interesses der Fernsehzuschauer (gefolgt von Kriminal- und von Spielfilmen); allgemeine politische Sendungen folgen dagegen erst an achter Stelle. Die kurzen, in 15 Minuten abgehandelten Informationen sind dem Zuschauer wichtig, um mitreden zu können, um Bescheid zu wissen über Ereignisse, die außerhalb seines persönlichen Erlebnishorizontes liegen, aber sein Dasein beeinflussen können. Gleichzeitig stellt dieser „Blick in die Welt“ eine bequeme und angenehme Art dar, die Zeit zu verbringen. Mehr Informationen, die dann auch eine vertiefte Auseinandersetzung erfordern würden, verlangen die meisten nicht. So glauben viele befragte Nachrichtenempfänger, über die Ursachen von Arbeitslosigkeit Bescheid zu wissen, Politiker zu kennen und die Folgen von Umweltkatastrophen immer schon vorausgesehen zu haben. Studien zeigen, daß Nachrichten tatsächlich nicht nur zum „Vergessen“ da sind, sondern auch zum falschen Erinnern und zum Mißverstehen. Nur jeder 33. deutsche Zuschauer versteht eine ARD- oder ZDF-Nachrichtensendung ausreichend und kann sie korrekt wiedergeben. Je besser die Empfänger ihr Hintergrundwissen zum Thema aktivieren können, desto umfassender verstehen sie auch die Meldung.

Die Aufmerksamkeit, die die Zuschauer den Nachrichten zuwenden, gleicht jener von Reisenden in der Eisenbahn: Der Blick durchs Fenster ist angenehm und beruhigend, zeigt, daß der Zug noch in die richtige Richtung fährt; die Reisenden lassen die Landschaft an sich vorüberziehen und registrieren nur das Besondere. Den Nachrichtenzuschauern geht es in der Regel nicht darum, Neues zu erfahren, sondern nur, sich zu vergewissern, daß keine unmittelbare Bedrohung besteht.

Wenn wir Zeitung lesen, haben wir die Möglichkeit, uns zuerst mit jenen Artikeln zu befassen, die uns am meisten interessieren, einzelne konzentriert zu lesen, andere nur zu überfliegen oder ganz beiseite zu lassen. Bei den Fernsehnachrichten ist die Abfolge vorgegeben, haben die Redakteure für uns ausgewählt, was sie uns kurz oder ausführlich zeigen wollen. Sicher ist diese Tatsache mit dafür verantwortlich, daß wir uns angewöhnt haben, diese Sendungen passiv über uns ergehen, an uns hinunterrieseln zu lassen.

Für den amerikanischen Medienökologen Neil Postman begann mit der Einführung der Telegraphie eine grundlegende Veränderung des Informationsverhaltens. Vorher suchten die Menschen nach Informationen, die sie für ihr Dasein brauchten, jetzt wurden sie mit zusammenhangslosen Informationen überflutet, mit denen sie nichts anfangen konnten als darüber zu reden. „In der Informationswelt, die die Telegraphie hervorgebracht hat, ist das Gefühl, handlungsfähig zu sein, gerade deshalb verloren gegangen, weil die ganze Welt zum Kontext für die Nachrichten geworden ist. Von nun an ging jeden alles an. Zum erstenmal wurden uns Informationen übermittelt, die lauter Antworten auf ungestellte Fragen gaben und die uns jedenfalls kein Recht zur Erwiderung einräumten." (N. Postman, 1985, S. 89)

Postman hält es für aufschlußreich, daß Kreuzworträtsel gerade dann beliebt wurden, als der Telegraph und die Photographie die Nachrichten verwandelten: Kreuzworträtsel und Quizsendungen bieten die Möglichkeit, die zusammenhanglosen Einzelinformationen nutzbringend zu verwenden.

Die Befürchtung, durch das Fernsehen würden Bücher und Zeitungen verdrängt, hat sich allerdings als grundlos erwiesen. Die beiden Medien befriedigen verschiedene Bedürfnisse und ergänzen sich gegenseitig. Wer regelmäßig Zeitung liest, versteht die Fernsehnachrichten besser; durch die Lektüre können die Informationen besser eingeordnet werden.

Die Macht der Gruppe

Bisher war immer nur vom Einzelnen die Rede, von Untersuchungen, die zeigen, wie Versuchspersonen für sich allein Informationen aufnehmen, verarbeiten, interpretieren. Im Alltag sind wir dabei aber meist nicht allein: Der größte Teil der Aus- und Weiterbildung erfolgt in Klassen und Seminaren; wenn uns Ereignisse beschäftigen, sprechen wir mit anderen darüber; wichtige Entscheidungen in Politik und Wirtschaft wie auch im privaten Bereich werden meist erst getroffen, nachdem die vorliegenden Informationen in der Gruppe (Kabinett, Führungsgremium) diskutiert, bewertet und abgewogen wurden. Wir gehen davon aus, daß die Gruppe zu besseren Leistungen kommt als der Einzelne, und führen dies vor allem auf folgende Gründe zurück:

- Eine Gruppe verfügt über ein größeres Gesamtwissen und mehr Informationen als jeder Einzelne; sie stellt eher sicher, daß alle wichtigen Daten berücksichtigt werden.
- Bei Entscheidungen kann aus einer größeren Vielfalt von Ideen und Vorschlägen ausgewählt werden; während ein Einzelner leicht in eine Sackgasse gerät und blind wird für Alternativen, wird eine Gruppe die Vorschläge kritischer prüfen, ein Problem eher von verschiedenen Seiten angehen.
- Da alle am Entscheidungsprozeß teilgenommen haben, sind sie mit den Ergebnissen, den erforderlichen Maßnahmen und Konsequenzen eher einverstanden.
- Die Entscheidung selbst wird von den Betroffenen besser verstanden.

Ähnlich wie beim Einzelnen ist aber auch in Gruppen die Informationsaufnahme und -verarbeitung von verschiedenen Faktoren abhängig, die zu Verfälschungen, Abänderungen und persönlichen Sichtweisen führen können.

Der Mensch ist ein soziales Wesen. Zu einem stimmigen Weltbild gehört deshalb auch – und vor allem –, daß wir uns hinsichtlich der wichtigsten Ansichten und Interpretationen in Übereinstimmung mit unserer Umgebung, vor allem mit unseren engsten Freunden und nächsten Angehörigen befinden. Dies führt auf der einen Seite dazu, daß wir uns Freunde suchen, deren Einstellungen und Meinungen weitgehend mit den unseren übereinstimmen. Auf der anderen Seite bewirken enge Kontakte auch eine Abstimmung der Meinungsbildung und Angleichung der Informationsbewertung.

Die Gruppe, der wir uns zugehörig fühlen, liefert uns einen Bezugspunkt, hilft uns bei unserer Orientierung in der Umwelt. Besonders deutlich wird dies, wenn wir mit neuen Problemen oder Fragen konfrontiert werden: Wir suchen nach Anhaltspunkten im Verhalten der andern – wobei das Problem darin bestehen kann, daß „die andern" dies auch tun. Dies wird beispielsweise an einem Elternabend, in einer Diskussionsrunde sichtbar, wenn die Teilnehmer aufgefordert werden, zu einem neu aufgetauchten Problem ihre Meinung auszudrücken, Stellung zu nehmen. Wenn sich nach einigem Zögern der erste meldet, steckt sein Beitrag den Rahmen ab, in dem sich die andern bewegen. Je nach Art dieser ersten Äußerung verläuft die Diskussion in ganz bestimmten Bahnen.

Die Gruppe spielt vor allem in jenen Situationen eine wichtige Rolle für unsere Orientierung, in denen wir die Informationen nicht selbst gewinnen und nachprüfen können. Die Unsicherheit des Einzelnen wird durch die gegenseitige Bestätigung beseitigt.

Wenn Menschen in unklaren Situationen Stellung nehmen oder Entscheidungen treffen müssen, wenden sie sich einander zu oder verlassen sich aufeinander. Sie besprechen Probleme, die alle angehen, miteinander und versuchen zu einer gemeinsamen Meinung, Einstellung, Entscheidung oder Handlung zu kommen.

Die Menschen sind voneinander abhängig – und dies nicht erst in der heutigen arbeitsteiligen Welt. In der langen Zeit des Heranwachsens erwirbt das Kind die Meinungen und Einstellungen, die Weltsicht der Eltern durch Fragen und Gespräche ebenso wie durch deren Reaktionen und Verhalten. Später wird die Gruppe der Gleichaltrigen wichtig als Bezugsrahmen für Einstellungen und Meinungen.

Bei der Aufnahme und Verarbeitung von Informationen kann die Gruppe eine trügerische Sicherheit vermitteln. Einzeln mögen wir uns bewußt sein, daß wir unzulänglich informiert und deshalb nicht in der Lage sind, ein Urteil über einen bestimmten Sachverhalt abzugeben. Wir würden uns deshalb auch hüten, uns Experten gegenüber zu äußern. Treffen wir uns aber in einer Gruppe von ähnlich Halbinformierten, bringen wir unsere Vermutungen und unseren Unmut zum Ausdruck – und aus dem allgemeinen Halbwissen wird durch die gegenseitige Bestätigung plötzlich „Gewißheit". Der „Stammtisch" liefert dazu ein allgemein bekanntes Beispiel. Überall wo sich Gleichgesinnte treffen, lassen sich aber ähnliche Reaktionsmuster beobachten.

Beispiele liefern Sekten und ähnliche Gruppierungen, die den Mitgliedern Halt und Geborgenheit vermitteln, gleichzeitig aber ein unkritisches Akzeptieren der Meinungen verlangen und nach außen Feindbilder aufstellen.

Der Sozialpsychologe L. Festinger bringt diese Tendenz in Übereinstimmung mit seiner Theorie der kognitiven Dissonanz (siehe S. 49): Unsicherheiten und Unstimmigkeiten können durch den Rückhalt bei anderen Personen vermindert werden.

Unabhängiges, kritisches Denken ist auch eine Frage des Selbstvertrauens. Die Schule hätte eine wichtige Funktion dabei, die Schüler zu ermutigen, auch abweichende Meinungen zu äußern, Kritik als Denkanstoß aufzufassen und nicht als Aggression.

Auch Gruppen können natürlich ihre Einstellungen ändern und sich an neue Gegebenheiten anpassen. Sozialpsychologen haben dabei einen zweistufigen Prozeß der Informationsverarbeitung festgestellt: Wenn eine Person mit einer Neuigkeit konfrontiert wird, die mit ihrer Einstellung nicht übereinstimmt, wird sie sich mit anderen Gruppenmitgliedern darüber unterhalten. Sprechen sich die anderen für die Neuerung aus, wird sich das Individuum vor allem dann anschließen, wenn diese anderen einen höheren Rang haben.

Wenn die Gruppenzugehörigkeit die Einstellungen und Wertmaßstäbe beeinflußt, müssen sich auch Änderungen bemerkbar machen, wenn sich eine Person einer neuen Gruppe zugesellt. So ergab eine Untersuchung über die politische Einstellung von amerikanischen Studentinnen, die ein liberales College besuchten, daß diese im Verlauf der vierjährigen Ausbildung deutlich von den konservativen Ansichten ihrer Eltern abrückten. Diejenigen Studentinnen, die sich am meisten für College-Angelegenheiten einsetzten, änderten ihre politisch-sozialen Einstellungen am stärksten. Jene Studentinnen dagegen, die ihre Einstellungen nicht änderten, isolierten sich entweder in kleinen Freundschafts- und Studiengruppen oder pflegten enge Beziehungen zu ihren konservativen Angehörigen.

Alle diese Untersuchungen machen deutlich, daß die Qualität der Informationsverarbeitung durch die Gruppe beeinflußt wird. Der Wunsch, akzeptiert zu werden, kann Gruppenmitglieder dazu verleiten, abweichende Meinungen und Interessen nicht zum Ausdruck zu bringen. Vor allem in Gruppen mit einem starken Zusammenhalt oder einem sehr dominierenden Führer ist das Bedürfnis nach Einmütigkeit häufig stärker als der Wunsch, alle Möglichkeiten systematisch zu prüfen und auch widersprüchliche Informationen auszutauschen. So kommt es zu einer vorschnellen Einigung auf eine zwar akzeptable aber nicht optimale Entscheidung.

Zusammenfassung

Zu jeder Information gehören mindestens drei Elemente:

1. Ereignis 2. Übermittler 3. Empfänger

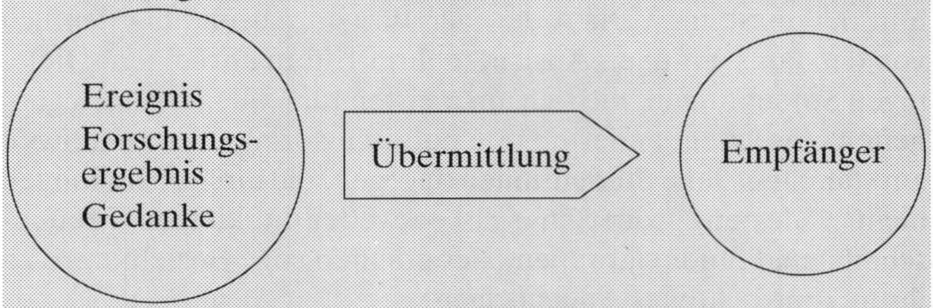

Diese Verbindung ist jedoch keineswegs gradlinig, sondern durch verschiedene Hindernisse und Probleme erschwert:

- Der Übermittler übermittelt nicht das Ereignis selbst, sondern berichtet lediglich darüber. Was er weitergibt, hängt deshalb von seiner Wahrnehmung, seiner Beurteilung, seiner Auswahl und seinen sprachlichen Fähigkeiten ab.
- Der Empfänger muß die ausgesandten Informationen wahrnehmen, verstehen, miteinander vergleichen, abwägen, beurteilen, verarbeiten und speichern.
- Das menschliche Wahrnehmungsvermögen ist beschränkt. Unser Gedächtnis kann nur einen Bruchteil der Informationen, mit denen wir konfrontiert werden, speichern.
- Sowohl Sender als auch Empfänger sind keine Maschinen, sondern Menschen, die denken, fühlen, wünschen; sie haben unterschiedliche Bedürfnisse und Fähigkeiten; ihr Informationsaustausch erfolgt zudem unter jeweils ganz konkreten politischen, sozialen, wirtschaftlichen und kulturellen Bedingungen.
- Der Wunsch nach Übereinstimmung in Gruppen setzt die Kritikfähigkeit und Offenheit für neue Informationen herab. Die gegenseitige Bestätigung in Gruppen bewirkt eine trügerische Sicherheit auch mit unzulänglichem Informationsstand.

III. Was können wir tun? – Sinnvolleres Informationsverhalten

Angesichts der in den vorangehenden Kapiteln beschriebenen Probleme könnte man leicht resignieren: Die Flut der Informationen ist zu groß, der Weg, den sie bis zu uns zurücklegen, zu weit, unser Aufnahme- und Verarbeitungsvermögen zu beschränkt – kurz, es ist nicht möglich, „informiert zu sein".

Dies trifft zweifellos zu. Alle Bemühungen um Information und Weiterbildung können nur zu einem graduellen Unterschied im Ausmaß unseres Unwissens führen. Aber dieser graduelle Unterschied kann für uns von entscheidender Bedeutung sein.

Wir verbringen alle einen großen Teil unserer Zeit mit der Aufnahme und Weitergabe von Informationen. Wenn wir uns der geschilderten Probleme bewußt sind, gezielter vorgehen, sie bei der Auswahl und Verarbeitung von Informationen berücksichtigen, dann können wir diese Zeit besser nutzen.

Unsere Situation ist die von Bewohnern einer kleinen Insel im „Informationsmeer": Eine unübersehbare, unerschöpfliche Menge an Informationen umgibt uns. Die tägliche Flut (Radio, Fernsehen, Zeitungen) spült ohne unser Zutun immer neues Strandgut an. Wenn wir uns aber auf das Strandgut verlassen, das zufällig angespült wird, werden wir kaum lange überleben. Sinnvoller ist es, abzuklären, welches unsere Bedürfnisse sind, welche Quellen und Vorräte wir auf der Insel besitzen (unsere Interessen, unser bisheriges Wissen), und festzulegen, welche Fische wir fangen wollen. Entsprechend müssen die Geräte und Fangmethoden sein, die wir entwickeln. Wenn wir uns dann an die Arbeit machen, werden wir nach den „richtigen" Fischen Ausschau halten und uns von den hübschen, bunten, aber ungenießbaren nicht ablenken lassen. Aber auch von dicken und wohlschmeckenden Fischen können wir nur profitieren, wenn wir über geeignete Lager- und Verarbeitungsmethoden verfügen. Das Anglerbild soll Grundprobleme veranschaulichen: Wir müssen erst genau wissen, welches unsere Informationsbedürfnisse sind, was wir wissen wollen und wie wir mit den Informationen umgehen können. Ein sinnvolles Informationsverhalten muß folgende Elemente umfassen:

- *Klare Ziele:* Welches sind meine Informationsbedürfnisse, **was** muß, was will ich wissen und erfahren?
- *Gezielte Auswahl:* Wie kann ich die Fülle reduzieren, auf was will ich bewußt verzichten.
- *Angepaßte Quellen:* Wie gelange ich an die mich interessierenden Nachrichen, **wo** finde ich die benötigten Informationen?
- *Sinnvolle Lernstrategien:* **Wie** kann ich die Informationen kritisch bewerten, einordnen, weitergeben?
- *Optimale Speichertechniken:* Welches sind für mich die geeignetsten Verarbeitungs- und Speichertechniken?

1. Gewußt was

Angesichts der geschilderten Informationsprobleme ist klar, daß wir nur einen winzigen Teil „wissen“ können. Wichtig ist jedoch die Abgrenzung von „Wissenswertem“, die Definition der eigenen Bedürfnisse gegenüber den Bereichen, mit denen wir uns *nicht* auseinandersetzen können und wollen.

Jeder muß seine Informationsbedürfnisse aus seiner persönlichen Situation, seinen Interessen, den beruflichen und privaten Anforderungen selbst definieren. Es werden sich dabei immer Bereiche ergeben, in denen wir möglichst gut und möglichst umfassend Bescheid wissen müssen, andere, in denen wir grob orientiert sein wollen, und weitere, mit denen wir uns aus Spaß oder Neugier befassen, ohne systematisches Vorgehen und ohne Vollständigkeit anzustreben.

Während unserer Schulzeit, unserer Ausbildung, unserer täglichen Informations- und Weiterbildungsbemühungen haben wir alle sehr viel Wissen angehäuft. Vieles davon ist in Vergessenheit geraten; wenn wir es benötigen, werden wir unsicher, versuchen Bruchstücke zu einem sinnvollen Ganzen zusammenzufügen.

Wenn es um die gezielte Information geht, müssen wir auch vom bereits vorhandenen Wissen ausgehen, verknüpfen.

Eine weitere Unterscheidung ergibt sich aus unserem Vorwissen: Haben wir bereits umfangreiche Kenntnisse, einige erste Grundlagen und Einblick in die Strukturen und Zusammenhänge, oder müssen wir uns völlig neu einarbeiten?

Es geht einerseits um Informationen, die bereits vorhanden sind, andererseits um solche, die wir erst suchen müssen, um aktuelle und veraltete, um überprüfbare und verzerrte.

Um auf die am Anfang des Buches (S. 9) skizzierten Beispiele zurückzukommen: Herr Schuhmacher muß in seinem Arbeitsbereich nicht nur grundlegende Kenntnisse haben, sondern sich auch über neue Entwicklungen ständig auf dem laufenden halten. Daneben möchte er sich in die von seiner gegenwärtigen Tätigkeit nicht abgedeckten Spezialbereiche gründlich einarbeiten, so daß er in Zukunft auch andere Aufgaben übernehmen kann. Er ist in einer politischen Partei und möchte vor allem über Probleme seiner Heimatgemeinde informiert sein. In seiner Freizeit spielt der Sport eine große Rolle.

Frau Maler hat beschlossen, der systematischen Einarbeitung in Probleme der Ernährung in der nächsten Zeit Vorrang zu geben. Sie will sich über den Wert der einzelnen Lebensmittel, über ihre Belastung mit Schadstoffen und die damit verbundenen Risiken für die Gesundheit sowie über mögliche Alternativen möglichst gründlich und detailliert orientieren. Über Tagesereignisse möchte sie natürlich informiert bleiben. Da das ältere Kind vor dem Übertritt in die Sekundarstufe steht, will sie sich zudem Klarheit über die verschiedenen Schultypen, die Anforderungen und Ausbildungswege verschaffen.

Nur wenn wir uns einmal (beziehungsweise immer wieder) überlegen, welches eigentlich unsere Informationsbedürfnisse sind, können wir auch gezielt vorgehen, die eingehenden Nachrichten entsprechend prüfen und uns vor allem an die richtigen Quellen wenden.

Der nachfolgende Fragebogen soll als Anregung dienen, sich grundsätzlich mit diesen Problemen auseinanderzusetzen:

Fragebogen: Informationsziele

A. Beruf

Laufende Arbeit

Bereiche, in denen ich gut informiert bin und mich laufend über neue Entwicklungen informieren muß

....

....

....

In welchen Bereichen, die ich immer wieder brauche, bin ich nicht mehr auf dem neuesten Stand, muß ich verblaßtes Wissen auffrischen, unvollständiges ergänzen?

....

....

....

Welche für mich wichtigen Informationen haben mir in letzter Zeit gefehlt, wo haben sich Lücken negativ ausgewirkt?

....

....

....

Zukünftige Entwicklung

In welche Bereiche will ich mich systematisch einarbeiten, um neue Aufgaben übernehmen zu können?

....

....

....

B. Private Interessen und Aufgaben

Über welche Bereiche möchte ich laufend informiert sein?

....

....

....

In welche Bereiche will ich mich systematisch einarbeiten?

....

....

....

Welche Ängste, Befürchtungen, Unsicherheiten machen mir zu schaffen, die ich mit mehr Informationen besser angehen könnte?

....

....

....

....

Welche Fragen, welche Bedürfnisse nach detaillierteren Kenntnissen ergaben sich aus Gesprächen, Diskussionen, Fernsehsendungen?

....

....

....

Wo reichen Einzelinformationen, wo geht es um Hintergründe, Zusammenspiel mehrerer Faktoren?

....

....

....

Wie hoch ist die Übereinstimmung zwischen meiner gegenwärtigen Informationsaufnahme und den oben beschriebenen Zielen?

□ große Übereinstimmung
□ teilweise Übereinstimmung
□ geringe Übereinstimmung

Auf welche Informationen, mit denen ich mich bisher auseinandergesetzt habe, kann ich verzichten?

....

....

....

Zur besseren Übersicht können die Informationsziele auch in eine Tabelle eingetragen werden:

Tabelle: Informationsziele

	auf dem neuesten Stand bleiben	auffrischen ergänzen	systematisch einarbeiten
Beruf			
Private Interessen			

Die Tabelle kann natürlich nur eine erste grobe Orientierung sein. Meist stellen wir dabei fest, daß unser Informationsbedürfnis unser Aufnahmevermögen und die zur Verfügung stehende Zeit weit übertrifft. Dies bedeutet, daß Prioritäten gesetzt werden müssen und überlegt werden muß, welche Bereiche möglichst sofort in Angriff genommen, welche auf einen späteren Zeitpunkt verschoben werden können. Die Tabelle soll uns aber helfen, unsere Informationsaufnahme unseren Bedürfnissen anzugleichen, ein zielloses Lesen zu vermeiden und uns bewußter jenen Inhalten zuzuwenden, die wir als für uns wichtig definiert haben.

Schwerpunkte für das nächste Vierteljahr:

1. ....
2. ....
3. ....

Natürlich ist es nicht sinnvoll, unsere gesamte Informationsaufnahme zu programmieren, uns Scheuklappen umzubinden und nur noch mit jenen Inhalten zu befassen, die wir uns zum Ziele gesetzt haben. Die Auseinandersetzung mit unserer Umwelt, mit den täglichen Ereignissen erfordert auch, daß wir offen bleiben für Unerwartetes, Neues. Die Überlegung, welches unsere eigenen Informationsbedürfnisse sind, erleichtert aber die Konzentration auf die wesentlichen und die Abwehr überflüssiger Nachrichten.

Wenn wir unsere Informationsaufnahme weitgehend dem Zufall überlassen, wird sicher aus der Masse der an uns herangetragenen Nachrichten und Informationen immer wieder ein Bröckchen oder eine Einzelheit hängenbleiben – doch wird die Einsicht in deren Oberflächlichkeit und Zusammenhangslosigkeit nur Frustration in uns wecken. Die Festlegung unserer Informationsziele ermöglicht uns, unsere Kräfte wirkungsvoller einzusetzen.

Vor allem wenn es darum geht, sich in neue Gebiete einzuarbeiten, ist es wichtig festzustellen, welche Ziele wir damit verfolgen, welche Aspekte dabei für uns im Vordergrund stehen, um unseren Suchweg systematisch aufnehmen zu können. Wenn beispielsweise ein Politiker mit seinen Wählern über die Gefahren und die Stillegung von Atomkraftwerken diskutieren will, benötigt er andere Informationen als ein Physiklehrer, der in der Oberstufe eines Gymnasiums die Funktion eines Atomkraftwerkes erklären will. Es gibt viele verschiedene Möglichkeiten und Zugänge, sich mit einem Gebiet auseinanderzusetzen, viele Abstufungen im Grad der Reichhaltigkeit, in Abstraktion und Detailwissen. Wenn wir vor Beginn der Suche möglichst genau umreißen, welcher Art die gesuchten Informationen sein sollen, wird die Auswahl wesentlich erleichtert und werden uns viele Irrwege erspart bleiben.

	Informationsbedürfnisse			
	Erarbeiten von Grundlagen Systematische Einführung	Möglichst vollständiger Überblick über Spezialgebiete	Auf dem laufenden bleiben	Einzelfragen
Gedruckte Unterlagen	Bücher (79f., 94), Standardwerke (94), Fernkurse (130)	Bibliographien (86f.), Kataloge (82f.), Fachbücher (84), Archive (93f.), Datenbank-Recherchen über Vermittler (108f.)	Fachzeitschriften (80), Zeitungen (98) Profildienste (111), Zeitungsausschnittdienst (98) Referatezeitschriften (88)	Nachschlagewerke (79) Lexika (79), Broschüren (99)
Andere Quellen	Schulungskurse, Lehrgänge (129), Ausbildungen	Dokumentationsstellen (134), On-line-Datenbankabfragen (101f.) Informationsdienste (108)	Tagungen, Messen (131) Fortbildungsveranstaltungen (129), Massenmedien (135f.)	Beratungsstellen (134), Fachleute (131), Wissenschaftsläden (132), Btx (115f.) CD-Rom (121f.)

2. Gewußt wo

Je nach Art unseres Informationsbedürfnisses (Grundlagenwissen, Ergänzungen, Aktualisierung), unserer Vorkenntnisse und des Fachgebietes sind andere Suchwege und Quellen zu empfehlen. Die Tabelle (S. 71) gibt einen Überblick über verschiedene Möglichkeiten. Die Zahlen in Klammern geben an, auf welchen Seiten die verschiedenen Quellen, ihre Benutzung und Zugänge näher erläutert werden.

Eine erste grobe Unterteilung ergibt sich nach gedruckten Unterlagen (Bücher, Zeitungen, Nachschlagewerke und so weiter) auf der einen und anderen Quellen (Kurse, Seminare, Vorträge, Auskünfte von Fachleuten, Informationen durch Massenmedien) auf der anderen Seite. Beide Gruppen haben wichtige Vorteile, die bei der Entscheidung für einen bestimmten Informationsweg abgewogen werden müssen:

Vorteile der gedruckten Unterlagen:

- Das menschliche Aufnahmevermögen ist begrenzt; innerhalb eines bestimmten Zeitraumes können wir nur eine beschränkte Zahl von Informationen zur längeren Speicherung aufnehmen. In schriftlichen Unterlagen können wir nachschlagen und wieder auffrischen, was sonst für uns verloren wäre.
- Bei der Auseinandersetzung mit schriftlichen Informationen sind wir unabhängig vom Ort und der Zeit der Vermittlung; wir müssen uns weder zu einem Kurslokal begeben, noch den Beginn der Fernsehsendung abwarten.
- Während wir bei Vorträgen, Kursen und vor allem Fernsehinformationen an den Aufbau, die Auswahl, Detailliertheit oder Ausführlichkeit des Mitteilenden gebunden sind, können wir bei schriftlichen Unterlagen selbst bestimmen, welchen Abschnitten wir uns zuerst oder mit besonderer Aufmerksamkeit zuwenden, welche wir nur überfliegen oder beiseite las-

sen. Wir können zurückblättern, Unklares mehrmals lesen, überprüfen, ob wir etwas richtig verstanden haben.
- Das Angebot an schriftlichen Informationen übersteigt alle anderen Medien um ein Vielfaches und ermöglicht uns deshalb eine Auswahl, die auf unsere Fragen und Ziele zugeschnitten ist.

Vorteile von Kursen und Weiterbildungsveranstaltungen

- Der direkte Kontakt mit dem Wissensvermittler ermöglicht es uns, Fragen zu stellen, nachzuhaken, um zusätzliche Erklärungen zu bitten, wenn etwas unverständlich erscheint.
- Lehrer und Kursleiter haben die Möglichkeit, Aufbau, Wortwahl und Anspruchsniveau auf die Zuhörer abzustimmen.
- In Kursen und Seminaren profitieren wir nicht nur vom Fachwissen des Leiters, sondern auch von den Fragen, Anregungen und Beiträgen der Mitschüler.
- Festgesetzte Kurstermine geben uns einen äußeren Rahmen und erleichtern unsere Zeitplanung. Die Lernmotivation ist in Gruppen oft besser als bei der einsamen Auseinandersetzung mit Büchern.

Welche Vorteile stärker ins Gewicht fallen, ist vom Einzelfall abhängig. Wenn wir uns systematisch in ein Gebiet einarbeiten wollen, empfiehlt es sich, von den Vorteilen beider Arten von Informationen zu profitieren und nach Möglichkeiten der Kombination zu suchen: Absolvieren wir einen Fernkurs, bemühen wir uns um Kontakte mit anderen Teilnehmern und um gelegentliche Treffen mit Dozenten; besuchen wir Schulungskurse und Lehrgänge, arbeiten wir auch mit Büchern und schriftlichen Unterlagen.

A. Schriftliche Informationen

Nach wie vor können gedruckte Informationen als die wichtigsten Quellen gelten. Auch wenn es viele andere Möglichkeiten der Informationsbeschaffung gibt (auf die in den folgenden Kapiteln eingegangen werden soll), und die EDV eine immer größere Rolle spielt, so sind Bücher, Zeitungen und Zeitschriften bei der systematischen Weiterbildung noch immer unersetzlich. Gerade die Fülle dieser Möglichkeiten ist aber auch die Ursache des wichtigsten Informationsproblems: Wie finden wir in der Flut der Publikationen jene, die unseren Bedürfnissen entsprechen? Von den Vorteilen der schriftlichen Informationen können wir ja nur profitieren, wenn es uns gelingt, die „richtigen" zu erhalten.

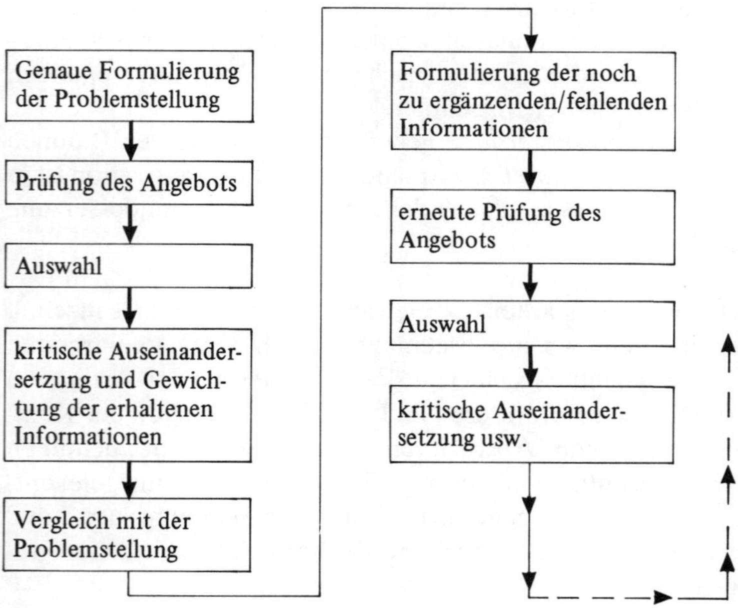

Bevor wir uns überhaupt auf die Suche machen, halten wir deshalb besser fest, welche Probleme wir haben, welche Informationen wir benötigen, welche Zusammenhänge wir besser verstehen wollen. Ohne genaue Suchfragen verlieren wir uns schnell im übergroßen Angebot.

Die Abbildung (S. 74) zeigt den mehrstufigen Suchprozeß (vgl. auch S. 141)

Bibliotheksbenutzung

Die wichtigsten Speicher gedruckter Informationen sind die *Bibliotheken*. Wer sich systematisch informieren oder weiterbilden will, muß sich deshalb in der Bibliotheksbenutzung auskennen.

> „Seht, Bruder William", erklärte der Abt, „um das große und heilige Werk zu verrichten, das diese Mauern krönt, haben gottesfürchtige Männer jahrhundertelang arbeiten müssen, und während der ganzen Zeit haben sie eherne Regeln befolgt. Die Bibliothek ist nach einem Plan entstanden, der allen Beteiligten dunkel geblieben ist in all den Jahrhunderten, keiner der Mönche war je befugt, ihn zu kennen. Allein der Bruder Bibliothekar weiß um das Geheimnis, er hat es von seinem Vorgänger erfahren und gibt es weiter an seinen Adlatus, damit, falls ein plötzlicher Tod ihn heimsucht, die Bruderschaft nicht dieses kostbaren Wissens beraubt wird. Doch beider Lippen sind durch das Geheimnis versiegelt. Allein der Bibliothekar hat das Recht, sich im Labyrinth der Bücher zu bewegen, er allein weiß, wo die einzelnen Bände zu finden sind und wohin sie nach Gebrauch wieder eingestellt werden müssen, er allein ist verantwortlich für ihre sachgemäße Erhaltung."
>
> (aus „Der Name der Rose", Umberto Eco, 1982, S. 53)

Das sehr erfolgreiche Buch „Der Name der Rose" erzählt von einem mittelalterlichen Kriminalfall, der sich um die Bibliothek eines einsam in den Bergen gelegenen Klosters abspielt. Vergeblich versuchen Uneingeweihte, an die Quellen des Wissens heranzukommen, und bezahlen ihre Neugier sogar mit dem Leben; den Zugang zur Büchersammlung hat allein der Bibliothekar, der auch darüber entscheidet, welche Bücher von welchen Mönchen eingesehen werden dürfen.

So geheimnisumwittert und gefährlich sind die Bibliotheken heute nicht mehr; Anliegen der Bibliothekare ist es vielmehr, ihre Bestände zu erschließen, möglichst vielen Benutzern die Sucharbeit zu erleichtern. Trotzdem sind die Schwellenängste oft groß, und neue Untersuchungen zeigen auch, daß nicht nur viele Leute Bibliotheken kaum betreten, sondern auch viele regelmäßige Benutzer (zum Beispiel Studenten) noch Schwierigkeiten haben, sich zurechtzufinden und vom bestehenden Angebot und den Suchhilfen wirklich zu profitieren. Sehr viele Erwachsene trauen sich nicht zu, selbst die „richtigen" Informationen zu finden. Geschriebene Information ist oft versteckt, wir finden sie nur durch Zufall oder wenn wir genau wissen, wo wir suchen müssen.

Aber auch wenn der Zeitaufwand recht groß ist, lohnt sich das Bemühen um einen Überblick über mögliche Quellen und die Methoden, Techniken und Suchwege: Die dafür aufgewendete Zeit ist eine gute Investition für alle zukünftige Informationsbeschaffung und wird später vielfach wieder eingespart.

Es gibt mehr Bibliotheken als Sie denken

- *Benutzen Sie regelmäßig eine Fachbibliothek?*
- *Wie viele Bibliotheken gibt es in Ihrer Umgebung, sind für Sie erreichbar?*
- *Welche davon haben Sie schon benutzt?*
- *Kennen Sie die jeweiligen Schwerpunkte, die Dienstleistungen, die Ausleihbedingungen?*

Studenten werden in der Regel durch die Erfordernisse des Studiums zur Benutzung von Bibliotheken „gezwungen". Für Semesterarbeiten benötigen sie oft Dutzende von Büchern, manche davon nur ein einziges Mal, so daß sich deren Kauf nicht lohnt. Andere Bücher sind gar nicht mehr käuflich oder sehr teuer.

Bei anderen Ausbildungsgängen wird einem der Umgang mit Bibliotheken weniger nahegelegt – doch profitiert jeder geistig Tätige, der sich systematisch informieren, über die neuesten Entwicklungen auf seinem Fachgebiet auf dem laufenden bleiben oder sich in andere Bereiche einarbeiten will, von deren Angebot.

Ein erster Schritt bei der systematischen Informationsgewinnung besteht darin, sich Klarheit darüber zu beschaffen, welche Bibliotheken erreichbar und zugänglich sind. Das Angebot reicht von den kleinen Gemeinde- und Stadtteilsbibliotheken bis zu den großen Universitäts- und Landesbibliotheken.

Die *Nationalbibliotheken* enthalten die vollständige Sammlung der Literatur eines Landes. In vielen Ländern sind die Verleger verpflichtet, von jedem herausgegebenen Buch unentgeltlich eine bestimmte Anzahl Exemplare an die Nationalbibliothek abzugeben.

Die *Deutsche Nationalbibliothek* hat ihren Sitz in Frankfurt am Main. Sie sammelt alle deutschsprachigen Bücher, die weltweit erscheinen (über 200000 Einheiten pro Jahr). Dabei wird Vollständigkeit angestrebt und keine Auswahl getroffen: Vom Groschenroman bis zum literarischen Meisterwerk werden alle Bücher aufgenommen.

Die *Schweizer Landesbibliothek* steht in Bern, die *Österreichische Nationalbibliothek* in Wien.

Weiter lassen sich unterscheiden:

- *Allgemeine öffentliche Bibliotheken:* Stadt-, Landes-, Kantons- und Gemeindebibliotheken. In allgemeinen Bibliotheken sind Sachbücher aus allen Wissensgebieten zu finden, ebenso wie Belletristik, Kinder- und Jugendbücher, oft auch Zeitschriften und CDs.
- *Bibliotheken der Bildungseinrichtungen:* Jede Fakultät, jedes Universitätsinstitut, die meisten Seminare, Gymnasien und Fachhochschulen haben eine eigene Bibliothek mit den entsprechenden Fachbüchern, die jedoch in erster Linie den betreffenden Studierenden und Mitarbeitern zur Verfügung stehen.

– *Spezial- oder Fachbibliotheken* pflegen Spezialbereiche beziehungsweise einzelne Wissenschaften, zum Beispiel englische oder russische Bibliothek, Bibliotheken von Firmen, Museen, Forschungsanstalten, Fachorganisationen, Vereinen, Berufsverbänden, Parlaments-, Behörden- und Gerichtsbibliotheken.

Nationale und internationale Verzeichnisse orientieren über das Angebot:

> Beispiel:
> Das Schweizer Bibliothekstaschenbuch (1991) verzeichnet über 900 wissenschaftliche und allgemeine öffentliche Bibliotheken, Archive und Dokumentationsstellen in der Schweiz mit ihren Sammelgebieten, Öffnungszeiten und Benutzungsbedingungen, angefangen bei der Aargauischen Kantonsbibliothek in Aarau bis zur Stadtbibliothek in Zug.

Während die Stadt-, Zentral- oder Universitätsbibliotheken über die größten Bestände (von einigen hunderttausend bis zu mehreren Millionen Bücher und Zeitschriften) verfügen, können die thematisch eingeschränkten Spezialbibliotheken auf ihren Schwerpunktgebieten besser ausgestattet sein. Es lohnt sich deshalb, einen Überblick über die Bibliotheken der näheren und weiteren Umgebung zu gewinnen.

Jede Bibliothek ist anders aufgebaut, hat andere Schwerpunkte und möglicherweise auch unterschiedliche Ausleihbedingungen, einen anderen Zugang (Selbstwahl, Bestellung über Leihschein), andere Kataloge und Dienstleistungen. Die großen Stadt- und Universitätsbiblioteken führen regelmäßig Führungen durch, die neue Benutzer mit den Räumlichkeiten, den Suchwegen und Dienstleistungen vertraut machen. In vielen Fällen werden auch Merkblätter mit den wichtigsten Informationen abgegeben. Bei kleineren Bibliotheken wendet man sich am besten an das Personal.

Wer häufig mit verschiedenen Bibliotheken zu tun hat, tut gut daran, sich für jede Bibliothek die Öffnungszeiten, Ausleihbedingungen (sofort, Bestellungen für den nächsten Tag, Anzahl der Bücher, die gleichzeitig bestellt bzw. ausgeliehen werden können, Dauer der Ausleihe und so weiter) zu notieren und alle Angaben zusammen aufzubewahren.

Die nachfolgenden Hinweise können angesichts der Verschiedenheit der Bibliotheken nur allgemeiner Art sein und einer ersten Orientierung dienen.

Bibliotheken sind nicht nur Bücher-Speicher

Die Dienstleistungen von kleinen Gemeinde- oder Schulbibliotheken beschränken sich in der Regel darauf, Bücher zur Ausleihe bereitzustellen. Große Bibliotheken bieten aber weitere wichtige Dienste:

- Informationen aus Lexika, Nachschlagewerken und Bibliographien der *Handbibliothek*
- Benutzung des *Lesesaals*
- Überblick über *Fachzeitschriften*
- *Fernleihe*
- *Kopiergeräte,* um von einzelnen Buch- oder Zeitschriftenseiten Fotokopien herzustellen
- *Spezialsammlungen*, zum Beispiel graphische Sammlung, Kartensammlung
- CD-ROM (vgl. S. 121)

Die Bestände der *Handbibliothek* können von den Benutzern selbst den Regalen entnommen und an Ort und Stelle eingesehen, in der Regel aber nicht ausgeliehen werden.

Wichtig ist zu wissen, welche Informationen wir in Nachschlagewerken, Lexika, Enzyklopädien, Duden, Wörterbüchern finden und welche nicht. Ein Artikel in einem guten Lexikon vermittelt dem Interessenten einen ersten Einblick in das betreffende Gebiet, wie auch wertvolle Hinweise bei der systematischen Suche nach weiterer Literatur. Neben Enzyklopädien, die

Auskunft über das gesamte Wissen der Menschheit zu geben versuchen, dabei aber natürlich die einzelnen Begriffe nur kurz darstellen können, gibt es Fachlexika für fast alle Wissensgebiete. Durch die Spezialisierung auf einen engen Bereich können sie wesentlich ausführlicher informieren.

Bei richtigem Gebrauch sind diese Publikationen wahre Fundgruben und vorzügliche Instrumente für jeden neugierigen Menschen. Achten Sie vor allem bei Lexika auf das Erscheinungsdatum, da die vielbändigen Nachschlagewerke über mehrere Jahre verteilt erscheinen und somit nicht alle auf dem neuesten Stand sind. Um diesen Nachteil aufzuwiegen, erscheinen Jahrbücher und Ergänzungsbände.

Viele Studenten sehen im *Lesesaal* (beziehungsweise in den Fachlesesälen) der Universitätsbibliothek ihren idealen Arbeitsplatz: Sie haben direkten Zugriff zu den wichtigen Fachbüchern und Nachschlagewerken der Handbibliothek und können die Bücher des allgemeinen Bestandes auch zur Benutzung im Lesesaal bestellen. Manche Bücher können gar nicht ausgeliehen, sondern nur im Lesesaal eingesehen werden. Vielen Studenten fällt es in der Atmosphäre der schweigenden Konzentration (im Lesesaal darf nicht gesprochen werden) leichter, sich in ihren Stoff zu vertiefen, als zu Hause, wo Türklingel, Telefon und andere Hausbewohner häufig stören. Allerdings sind die Lesesäle mancher Bibliotheken zu bestimmten Zeiten überfüllt.

Die neuesten Hefte der *Fachzeitschriften* liegen meist ebenfalls im Lesesaal aus (große Bibliotheken haben oft gesonderte Zeitschriftensäle). Frühere Jahrgänge der Zeitschriften sind gebunden und werden wie Bücher gesucht und bestellt. Spezialisierte Bibliotheken bemühen sich, die wichtigsten Zeitschriften ihres Fachgebietes zu halten, während auch große allgemeine Bibliotheken angesichts der riesigen Zahl von Fachzeitschriften eine Auswahl treffen müssen.

Selbst wenn wir einige der wichtigsten Fachzeitschriften selbst abonniert oder über unsere Arbeitsstätte Zugang dazu haben, ist es gewinnbringend, regelmäßig im Zeitschriften-Lesesaal die neuesten Publikationen zu prüfen. Wegen der kürzeren Druckzeiten geben uns Fachzeitschriften den besten Überblick über neueste Entwicklungen, aktuelle Probleme und Kontroversen sowie Hinweise auf Neuerscheinungen.

Durch das *Fotokopieren* wichtiger Seiten werden zeitraubende Abschriften vermieden (übrigens ein wachsendes Problem für die Verlage: Das Fotokopieren, insbesondere in Schulen, Instituten und Firmen, steht in ursächlichem Zusammenhang mit sinkenden Auflagen für Fachveröffentlichungen, die so kaum noch wirtschaftlich zu kalkulieren sind!).

Wegweiser und Suchhilfen

- *Wissen Sie, welche Auskünfte Sie*
  - *vom alphabetischen Katalog*
  - *von Schlagwortkatalogen*
  - *von Bibliotheken*

  erhalten?
- *Wie reagieren Sie, wenn Sie ein gewünschtes Buch im alphabetischen Katalog nicht finden?*
- *Welche „Stationen" umfaßt eine systematische Literatursuche?*

Können Sie diese Fragen problemlos beantworten? Dann sind Sie bereits erfahrener Bibliotheksbenutzer und können die nächsten Seiten überschlagen. Wenn nicht, helfen Ihnen die nachfolgenden Angaben, Ihre Büchersuche gezielter anzugehen.

Nur kleine Bibliotheken ordnen ihre Bücher lediglich grob nach einigen Fachgebieten und lassen die Benutzer durch direkten Zugang zu den *Standorten* prüfen, welche Bücher zum interessierenden Gebiet vorhanden sind. Bei allen größeren Bibliotheken ist eine gezielte Suche nur über *Kataloge* möglich, wobei in der Regel mindestens zwei (oft noch mehr) verschiedene Kataloge existieren. Konventionelle Kataloge bestehen aus – je nach Umfang des Bücherbestandes – einigen Dutzend bis mehreren hundert Schubladen voller Karteikärtchen. Jedes Kärtchen enthält die Angaben zu einem Buch: Autorennamen, Buchtitel, Erscheinungsort und -datum sowie die Katalognummer.

Moderne Kataloge können auch anders aussehen: Ständer voller Mikrofiches und die dazugehörigen Lesegeräte oder ein Computerbildschirm. *Mikrofiches* sind Filme, auf denen – aus Gründen der Platzersparnis – die Informationen aus normalen Karteikarten mikroskopisch verkleinert sind. Auf einer einzigen Mikrofiche-Karte finden die Angaben von tausenden herkömmlicher Karteikarten Platz. Benützt werden sie mit entsprechenden Lesegeräten.

Immer mehr große Bibliotheken gehen zur *EDV-gestützten* Büchersuche über. Der Suchwunsch wird in den Computer eingetippt, die bibliographischen Angaben sind vom Bildschirm ablesbar. Wir müsen nicht in verschiedenen Katalogen (s. u.) suchen, sondern geben als erstes ein, ob wir nach einem Autor, einem Titel oder einem Sachgebiet suchen. Im Computer sind somit mehrere Kataloge miteinander verknüpft, wir müssen nur jeweils wieder eine neue Suche starten (vgl. Beispiel S. 85).

Katalogsysteme

Alphabetischer Hauptkatalog

Dieser Katalog ist praktisch in allen Bibliotheken vorhanden und – abgesehen von Einzelheiten (zum Beispiel Behandlung von Doppelnamen, Umlauten) – gleich aufgebaut. Er ordnet alle selbständigen Schriften (also keine Zeitschriftenaufsätze) nach dem *Alphabet der Verfassernamen*. Wenn wir somit ein bestimmtes Buch suchen (Titel, Verfasser bekannt), können wir im alphabetischen Katalog prüfen, ob es in der betreffenden Bibliothek vorhanden ist. Wichtig ist zu wissen, daß auch Bücher mit vielen Verfassern, Sammelwerke, Handbücher und Werke, deren Autor unbekannt ist, im alphabetischen Katalog aufgeführt sind. Sie werden nach dem Hauptstichwort des Titels eingereiht.

Die Titelaufnahme im alphabetischen Katalog folgt genau festgelegten Regeln. Jedes in der Bibliothek vorhandene Werk hat eine eigene Karte und kann bei Kenntnis von Autor und Titel gezielt gefunden werden.

Sachkataloge

Wenn wir nur das Thema, die Suchfrage kennen, zu denen wir Literatur benötigen, noch nicht aber einzelne Bücher oder Autoren, können uns *Sachkataloge* weiterhelfen. Sie ordnen die Bücher thematisch.

Unglücklicherweise hat fast jede Bibliothek eine eigene Systematik, so daß man sich an Ort und Stelle genauer informieren muß.

Grundsätzlich können systematische und Schlagwortsysteme unterschieden werden. *Systematische Kataloge* gehen von großen Wissenschaftsbereichen aus und ordnen jeden dieser Bereiche durch immer weitere Unterteilung und Gliederung bis in die feinsten Untergruppen. Die gesamte Gliederung wird vor Beginn der Katalogisierungsarbeiten festgelegt.

Der bekannteste systematische Katalog ist die Dezimalklassifikation des Amerikaners Melvil Dewey. Er vollzog 1876 eine Aufgliederung des gesamten Wissens der Menschheit in ein Dezimalsystem: Dabei ging er von 10 Hauptgruppen (0–9) aus, von denen jede Klasse in 10 Gruppen (zum Beispiel: Klasse 5 in Gruppen 50–59), jede Gruppe wiederum in höchstens 10 Untergruppen (zum Beispiel Gruppe 55 in Untergruppen 550–559) und so weiter aufgeteilt wird. Auf diese Weise ist auch das kleinste und spezialisierteste Gebiet unterzubringen: die Länge der Nummer gibt dabei Aufschluß über die Enge des Begriffs (vgl. Literaturverzeichnis, R. Schräder-Naef, 1993). Obwohl seither bessere Systeme eingeführt wurden, wird dieses Dezimalsystem immer noch in den meisten Bibliotheken der USA gebraucht, weniger häufig dagegen im deutschen Sprachraum.

Die 10 Hauptklassen des Dewey-Systems sind:

0 Allgemeines, Bibliographie
1 Philosophie
2 Religion, Theologie
3 Sozialwissenschaften, Recht
4 Sprachwissenschaften, Philologie

5 Mathematik, Naturwissenschaften
6 Angewandte Wissenschaften, Medizin, Technik
7 Kunst, Kunstgewerbe, Musik, Sport
8 Literaturwissenschaften, schöne Literatur
9 Geschichte, Geographie

Die 2. und 3. Stelle ist für die geographische und sachliche Eingrenzung vorgesehen. Bibliotheken, die die Dezimalklassifikation benützen, ordnen die Bücher auch auf diese Weise auf den Gestellen ein. Benutzer finden sich damit schnell zurecht. Kann man die Bücher selbst den Regalen entnehmen, gewinnt man mit diesem System leicht eine Übersicht, welche und wieviel Literatur über das interessierende Gebiet vorhanden ist.

Schlagwortkatalog

Der Schlagwortkatalog verzeichnet die in der Bibliothek vorhandenen Bücher nach alphabetisch geordneten Schlagwörtern und zeigt uns somit, welche Literatur zu unserem Thema vorhanden ist. Dazu muß jedes neu erworbene Buch von den Bibliothekaren „verschlagwortet" werden; sie wählen aus der Schlagwortliste pro Buch meist mehrere Schlagwörter aus, um es möglichst treffend zu charakterisieren, beziehungsweise den potentiellen Benutzer auf den richtigen Weg zu bringen. Die meisten Bibliotheken haben eigene Schlagwortlisten; der Benutzer tut gut daran, mit Phantasie und Flexibilität an die Suche zu gehen und sein Thema von verschiedenen Seiten abzustecken (Oberbegriffe, Synonyme, Teilgebiete, verwandte Gebiete, auch wissenschaftliche Fachausdrücke und Fremdwörter).

Dies gilt unabhängig davon, ob in Karteikästen gesucht wird oder der Suchwunsch in einen Computer eingetippt wird. Per Computer geht die Suche wohl schneller, erfordert aber einige Umstellung: Wir sehen die Informationen nicht gleich auf den ersten Blick wie bei den Schubladen. Wir müssen uns weitertasten, selbst überlegen, welche Begriffe wir eintippen wollen, welche Kombinationen in Frage kommen.

Beispiel:
Wir suchen Literatur zum Thema „Lernen aus Büchern“. Wir prüfen, welche der folgenden Schlagwörter vorhanden sind: Lesen, Lesetechniken, Lesemethoden, Lernen, Lerntechnik, Lektüre, Technik der geistigen Arbeit, Textverständnis, Arbeitstechnik, Informieren, Fernstudium, Autodidaktik. Bei jedem Schlagwort achten wir auch auf Verweise auf andere Schlagwörter.

Frau Maler sucht in der großen Stadt- und Universitätsbibliothek nach Büchern, die ihr bei ihren Ernährungsproblemen weiterhelfen könnten. Im Schlagwortkatalog sucht sie zunächst unter „Schadstoffe“; dieses Schlagwort ist aber nicht vorgesehen. Unter dem Schlagwort „Ernährung“ findet sie zwei Schubladen mit Hinweisen auf Bücher ab 1811 sowie den Vermerk „s. a. Diät, Ernährungskrankheiten, E.physiologie, E.therapie, FAO, Fehlernährung, Gemeinschaftsverpflegung, Kinderernährung, Nahrungskette, Säuglingsernährung, Tierernährung, Welternährung, Zwischenverpflegung“. Sie entschließt sich zunächst für ein 1988 erschienenes Lehrbuch „Ernährung und Gesundheit“ sowie für ein Buch mit dem Titel „Gesunde Ernährung mit weniger Gift“.

In der Universitätsbibliothek erfolgt die Büchersuche über Computer. Der Bildschirm enthält einen Überblick über alle Sucharten:

1. tit – Titel des Buches, der Reihe, der Zeitschrift
2. aut – Autor, Herausgeber, Körperschaft, Kongreß
3. a-t – Kombination des Autorennamens und des Titelanfangs
4. sac – Thema (Sachbegriff, Person, geographischer Name usw.)
5. num – Nummer (Signatur, ISBN oder ISSN, Akzessionsnummer)
6. sti – Stichwort aus einem Titel, Autorennamen

Frau Maler tippt sac ein. Darauf erscheint auf dem Bildschirm die Aufforderung, einen Sachbegriff, Personennamen oder Werktitel einzugeben. Je enger der gewählte Begriff ist, desto speziellere Literatur wird angegeben.

z. B. Medizin (weiter Sachbegriff)
Ultraschalldiagnostik (enger Sachbegriff)

Möglich sind auch Doppelbegriffe:

z. B. Medizin: Tierversuch
Ultraschalldiagnostik: Gynäkologie

Frau Maler tippt das Schlagwort „Ernährung" ein und erhält die Information, daß über 100 Eintragungen vorhanden sind. Unter „Hinweise" erfährt sie auch hier, welche verwandten Begriffe allenfalls noch in Frage kommen. Als Fortsetzung ihrer Suche prüft sie die Schlagwortkombinationen
- Ernährung: Gesundheit (2 Nennungen)
- Ernährung: Handbuch (3 Titel)
- Ernährung: Kind (1 Titel)
- Ernährung: Ratgeber (4 Titel)

Weitere Kataloge

Aus dem *Zeitschriftenkatalog* ersehen wir, welche Zeitschriften in der Bibliothek geführt werden und wo sie zu finden sind. Der Katalog listet die Zeitschriften alphabetisch nach dem ersten Wort des Titels.

An weiteren Katalogen können vorhanden sein: Katalog der Neuerscheinungen (verzeichnet die von der Bibliothek im Laufe eines Kalenderjahres neu erworbenen Bücher), Katalog der Hochschulschriften (Verzeichnis der an der Hochschule erstellten Diplom-, Dissertations- und Habilitationsschriften), Zentralkatalog aller Bibliotheken der Stadt, Zentralkatalog der Universitätsinstitute und -seminarien, Spezialkataloge (zum Beispiel der Karten, Handschriften).

Bibliographien

Bibliographien sind systematische Literaturverzeichnisse von sehr unterschiedlichem Inhalt und unterschiedlicher Gestaltung. Sie dienen ebenfalls der gezielten Literatursuche und sind wie die Kataloge meist einerseits alphabetisch nach Verfassernamen und andererseits sachlich nach Schlagworten geordnet. Im Gegensatz zu den Katalogen geben sie auch Auskunft über Bücher, die in der betreffenden Bibliothek nicht vorhanden sind. Wir benötigen sie natürlich nicht, wenn wir ein bestimmtes Buch suchen, von dem wir alle Angaben haben. Vielleicht kennen wir aber den Autor nicht und erinnern uns nur ungefähr an den Titel ... Bibliographien benutzen wir in der Regel auch, wenn wir einen möglichst vollständigen Überblick über die zu einem bestimmten Thema existierende Literatur benötigen. Bei ihrer Benutzung sind immer zwei Schritte erforderlich: Das Nachschlagen in der Bibliographie und Notieren der Bücher (beziehungsweise Artikel), die für uns von Interesse sind, und sodann die Konsultation des alphabetischen Katalogs zur Abklärung, ob wir die betreffenden Publikationen in der Bibliothek erhalten können (oder an eine andere Bibliothek gelangen oder die Fernleihe in Anspruch nehmen müssen, s. S. 91).

Allgemeinbibliographien verzeichnen die Literatur eines bestimmten Zeitraumes möglichst vollständig. So umfaßt beispielsweise die Nationalbibliographie das Schrifttum eines ganzen Landes oder einer bestimmten Sprache.

Fachbibliographien gibt es für viele verschiedene Fachbereiche. Da auch gute Fachbibliographien Grenzbereiche zu anderen Disziplinen nicht immer vollständig abdecken und sich andererseits die von verschiedenen Bibliographien erfaßten Bereiche teilweise überschneiden, empfiehlt sich vor allem für umfangreiche Forschungsarbeiten die Durchsicht mehrerer Bibliographien. Das „Handbuch der bibliographischen Nachschlagewerke" (W. Totok, K.H. Weitzel) ermöglicht dazu eine Übersicht.

Titelbibliographien verzeichnen nur Verfassername, Titel, Erscheinungsort und -datum, während *annotierte* Bibliographien (vor allem Fachbibliographien) auch eine kurze Charakterisierung der aufgeführten Publikationen enthalten.

Beispiel:
Die „Bibliographie der deutschsprachigen psychologischen Literatur" verzeichnet die Titel der während des Berichtszeitraumes erschienenen Bücher, Festschriten, Sammelwerke zu Themen und Fragestellungen der Psychologie sowie der entsprechenden Artikel aus rund 200 ausgewerteten Zeitschriften.

CIP (Cataloguing in Publication). Diese Bibliographie ist die aktuellste. Sie weist die Neuerscheinungen auf dem Büchermarkt noch vor ihrer Publikation nach. Die Angaben, die dem auf der Rückseite des Innentitels jedes Buches abgedruckten Kasten entsprechen, werden von den Verlagen mehrere Wochen vor dem geplanten Erscheinungstermin mitgeteilt. Ein wöchentliches Verzeichnis der Katalog-Neuaufnahmen geht an Buchhändler und Bibliotheken.

Zeitschriftenbibliographien geben Auskunft darüber, welche Zeitschriften es überhaupt gibt, welche Inhalte sie haben, wo sie erscheinen und verfügbar sind.

Referatezeitschriften

Referate (Abstracts) sind Zusammenfassungen von Zeitschriftenartikeln. Angesichts der riesigen Menge von Fachzeitschriften ist es unmöglich, auch nur jene des eigenen Spezialgebietes laufend auf wichtige Artikel hin durchzusehen. Die Abstracts sollen dem Leser die Entscheidung ermöglichen, ob er den Artikel lesen will. Sie enthalten deshalb alle wichtigen Angaben über die Originalarbeit.

Jedes wichtige Fachgebiet hat eigene Referatezeitschriften, weltweit gibt es etwa 3500.

Beispiele:
„Psychologischer Index" Referatedienst über die psychologische Literatur aus den deutschsprachigen Ländern. Herausgeber: Zentralstelle für psychologische Information und Dokumentation an der Universität Trier. Erscheint vierteljährlich. Nach Inhaltsschwerpunkten geordnet werden pro Jahrgang rund 3600 Zeitschriftenaufsätze, Bücher und Reports in Kurzreferaten dargestellt, die über ausführliche deutsch- und englischsprachige Sachregister sowie Autoren-/Herausgeberregister aufgefunden werden können.

„Psychological Abstracts" Nonevaluative summaries of the world's literature in psychology and related disciplines. Erscheint monatlich. Autorenindex, 18 Fachgebiete.

Außer den in kürzeren Abständen (1–3 Monate) erscheinenden Referatezeitschriften gibt es auch zusammenfassende „Indices", die einen größeren Berichtszeitraum (mehrere Jahre) umfassen.

Wenn wir die Referatezeitschriften unseres Fachgebietes regelmäßig einsehen, haben wir einen guten Überblick über die Neuerscheinungen.

Als Beispiele sind hier vor allem Bibliographien und Referatezeitschriften für die deutschsprachige Literatur aufgeführt. Dennoch dürfte es klar sein, daß ein großer Teil der wissenschaftlichen Forschungsergebnisse zuerst in anderen Sprachen (vor allem natürlich Englisch) publiziert wird. Um nicht auf Übersetzungen und Erwähnungen der entsprechenden Ergebnisse in der deutschen Literatur warten zu müssen, empfiehlt es sich, regelmäßig auch englische Abstracts zu prüfen – auch wenn das „Schulenglisch" und die mangelnde Vertrautheit mit Fachausdrücken dies anfänglich nur mit größerem Zeitaufwand zulassen.

Suchstrategien

Viele Studenten arbeiten bei der Literatursuche nach dem *Schneeballsystem*: Sie beginnen mit einem Buch zum Thema, das sie mehr oder weniger zufällig zur Hand haben, oder schlagen als erstes den gewünschten Begriff in einem Fachlexikon nach. Außer den wichtigsten Informationen notieren sie sich auch die Literaturverweise. In den nächsten Bibliotheken prüfen sie, welche Bücher vorhanden sind, bearbeiten diese und achten wiederum auf die Hinweise auf andere wichtige Veröffentlichungen. Dieses System führt zweifellos dazu, daß man schnell zu den „klassischen" Büchern des entsprechenden Fachgebietes gelangt, auf die sich alle späteren Autoren immer wieder beziehen. Es hat allerdings den Nachteil, daß Neuerscheinungen und damit auch die neuesten Entwicklungen des betreffenden Gebietes möglicherweise unberücksichtigt bleiben. Wie schwer dieser Nachteil wiegt, hängt natürlich von der Suchfrage ab.

Zentralbibliothek Zürich
Kantons-, Stadt- und Universitätsbibliothek

Wie suche und finde ich Literatur in der ZB?

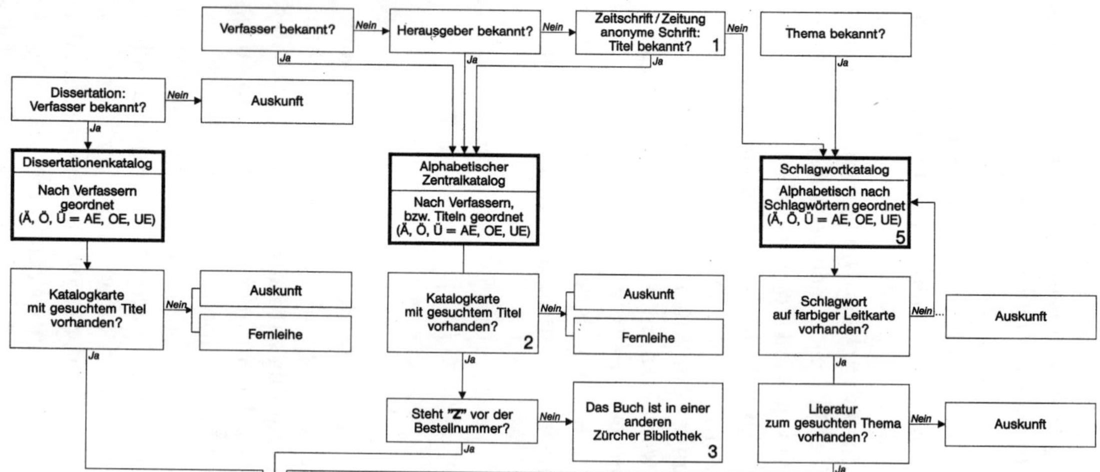

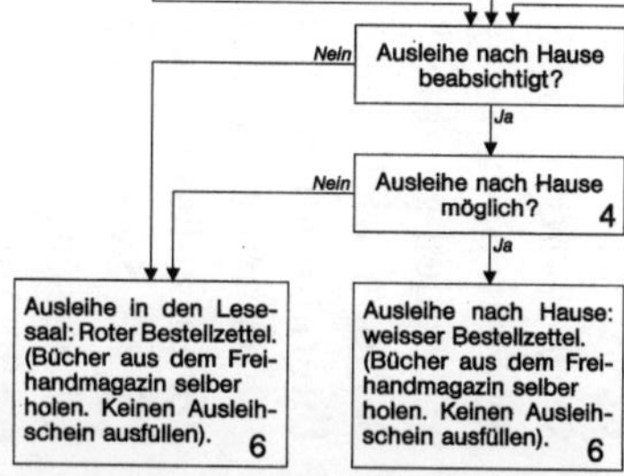

Anmerkungen:

1. Ordnungsprinzip: Erstes Substantiv im Nominativ für
   - Zeitschriften, Zeitungen
   - Anonyme Schriften (Verfasser unbekannt)
   - Schriften von 4 und mehr Verfassern
2. Neueste Zeitschriftenjahrgänge finden Sie im Zeitschriftenlesesaal, 1. Stock.
3. Über die Bedeutung der Zeichen, die vor den Bestellnummern stehen (z.B.: M, PG, SL, TH), gibt im Katalogsaal das gelbe Abkürzungsverzeichnis "Zürcher Bibliotheken" Auskunft.
4. Überprüfen Sie bitte Ihre Bestellung an der grünen Liste "Bestellnummern mit besonderen Benutzungsbestimmungen".
5. Bücher (ausser Dissertationen) sind inhaltlich unter einem oder mehreren engen Schlagwörtern nachgewiesen, daher ist gegebenenfalls unter mehreren Begriffen nachzusehen.
6. Ein Teil der Bücher kann selber im Magazin geholt werden (Freihandmagazin). Beachten Sie bitte die entsprechenden Informationstafeln und Informationsblätter in den Katalogsälen.

Um diesem Nachteil abzuhelfen, gibt es ein Verzeichnis, das umgekehrt aufgebaut ist wie ein normales Literaturverzeichnis: Der *Science Citation Index (SCI)* gibt zu einer gegebenen Publikation an, in welchen späteren Schriften sie zitiert wird. Der Suchende geht dabei in zwei Stufen vor. Er schlägt unter dem Autorennamen, Datum und Überschrift der zitierten Publikation nach und sucht sodann aufgrund der dort gefundenen Hinweise in den entsprechenden Bänden die später erschienenen Arbeiten.

Wichtig ist natürlich bei jeder Suchstrategie, daß wir von den eigenen Fragen und Informationszielen geleitet werden und uns nicht vor lauter Begeisterung über die vielen Hinweise in weitere Spezialgebiete und Nebenaspekte verlieren.

Ausleihe

Haben wir, über Sach- oder Autorenkatalog, die Karteikärtchen mit den gewünschten Titeln gefunden, so müssen nur noch die erforderlichen Angaben auf einen Bestellschein übertragen werden. Anleitungen oder Muster dafür liegen sicher in der Bibliothek aus. In manchen Bibliotheken übernimmt auch der Computer diese Aufgabe.

Finden wir ein bestimmtes Buch nicht in der Bibliothek, fragen wir nach dem Standort des *Zentralkataloges*. Dieser Katalog gibt Auskunft über die Bestände aller Bibliotheken der gleichen Stadt. Ist das gesuchte Buch auch da nicht aufzutreiben, besteht die Möglichkeit, es sich über den interbibliothekarischen Leihverkehr (Fernleihe) zu beschaffen.

Mit Hilfe der nationalen und internationalen *Fernleihe* können wir Bücher bestellen, die in den Bibliotheken der Stadt nicht vorhanden sind. Die Laufzeit einer Fernleihbestellung kann 3–6 Wochen bis zum positiven oder negativen Bescheid betragen. Der Benutzer muß natürlich prüfen, ob eine Fernleihbestellung unter diesen Voraussetzungen möglich und zeitlich sinnvoll ist.

Alle bisher gegebenen Hinweise sagen nur, wie wir an möglichst viele Informationen zu unserem Thema herankommen, und noch nicht, welche davon die richtigen sind. Wichtig ist natürlich, daß wir in der Flut unser Ziel nicht aus den Augen verlieren. Bei vielen Büchern erkennen wir bereits aufgrund der wenigen Angaben der Katalogkarten, daß sie für unsere Zwecke nicht geeignet sind, bei anderen genügt ein Blick in das Inhaltsverzeichnis oder auf die Umschlagklappe. Oft zeigt aber erst die nähere kritische Prüfung, ob der Inhalt für uns von Bedeutung ist oder nicht. Eine sinnvolle Vorauswahl kann auch durch die Lektüre von Sammelreferaten getroffen werden. Wenn diese von kompetenten Autoren mit guten Kenntnissen des entsprechenden Gebietes erstellt wurden, können wir vor allem den darin erwähnten positiven Hinweisen nachgehen.

Zusammenfassung: Suchen auf vielen Wegen

Die systematische Suche in der Bibliothek kann an verschiedenen Punkten ansetzen und, abhängig von der Fragestellung, auch verschiedene Stationen umfassen (vgl. Abbildung S. 90):

- Im *alphabetischen Katalog* werden jene Veröffentlichungen gesucht, die durch Literaturhinweise aus Büchern, aus Bibliographien sowie von Fachleuten (Lehrer, Dozenten) namentlich bekannt sind.
- Im *Schlagwortkatalog* finden wir Hinweise auf weitere Literatur zum Thema. Wichtig ist, daß wir unter möglichst vielen Schlagwörtern nachschlagen und uns schon vorher Synonyme, übergeordnete Begriffe und Spezialgebiete des Themas überlegen.
- In *Bibliographien* und *Referatezeitschriften des Fachgebietes* wird ebenfalls wieder unter verschiedenen Schlagwörtern geprüft, ob interessante Artikel und Bücher zum Thema im betreffenden Zeitraum erschienen sind.
- Die neuesten Hefte der *Fachzeitschriften* werden schließlich noch auf wichtige Ergänzungen und neuere Entwicklungen

durchgesehen. In älteren Jahrgängen von Fachzeitschriften zu stöbern, lohnt sich meist nicht, da man davon ausgehen kann, daß wichtige Erkenntnisse nach etwa fünf Jahren in Lehrbüchern und anderen Darstellungen erfaßt sind.

- Die *neueste Literatur* ist zu finden:
  - im CIP (Cataloguing in Publication),
  - in Neuerscheinungslisten der Bibliotheken und Buchhandlungen, Buchbesprechungen in den neuesten Nummern der Fachzeitschriften.

Archive

Für eine Facharbeit an der Kollegstufe will ein Oberstufenschüler über „Die Würzburger Unruhen im Juni 1920" schreiben, über die kaum Literatur vorhanden ist. Er wendet sich an das Stadtarchiv in Würzburg. Die Mitarbeiter weisen auf verschiedene Quellen hin, die auch für Schüler zugänglich gemacht werden könnten: Ratsprotokolle, Verwaltungsberichte sowie Lokalzeitungen des Jahres 1920.

(Schulreport Bayern, Juni 1992)

Obwohl Bibliothekenverzeichnisse auch Archive aufführen, bestehen zwischen den beiden Sammlungsarten klare Unterschiede: Bibliotheken sammeln veröffentlichte gedruckte Literatur, planen ihre Anschaffungen und bauen ihre Bestände systematisch nach bestimmten Zielsetzungen auf. Archive übernehmen dagegen einmalige Unterlagen von anderen Institutionen oder den Nachlaß bedeutender Persönlichkeiten. Das Bibliothekstaschenbuch verzeichnet zum Beispiel in der Stadt Zürich ein Fotoarchiv, das Archiv der Neuen Zürcher Zeitung, das Thomas-Mann-, Robert-Walser-, Max-Frisch-Archiv, Archiv des Fernsehens DRS usw.

Große Zeitungen verfügen über umfangreiche Archive von Bild- und Textmaterial. Das Bundesarchiv enthält Dokumente der Zeitgeschichte, der Landesgeschichte, Zeitungsausschnitte, Nachlässe.

Beispiel:
Im Zürcher Stadtarchiv werden seit 1789 Dokumente von und über die Stadt gesammelt, schriftliche Nachlässe von traditionsreichen Familien, Dokumente über Wahlen und Abstimmungen, über Krieg und Frieden, über kleinere und größere Organisationen, aber beispielsweise auch Haushaltsbücher aus verschiedenen Zeiten.

Da es sich bei den gesammelten Unterlagen oft um unersetzliche Einzelstücke handelt, dürfen sie nicht ausgeliehen, sondern nur in den Lesesälen der Archive benützt werden. Die Benutzung erfordert häufig eine Voranmeldung oder eine Benutzungsgenehmigung.

Staatliche Archive können von jedermann kostenlos benützt werden, der wissenschaftliche, heimatkundliche, familiengeschichtliche oder unterrichtliche Zwecke verfolgt, bei anderen Archiven kann die Benutzung eingeschränkt sein. Manche Unterlagen dürfen erst nach 30 Jahren eingesehen werden.

Ist die Benutzungsgenehmigung erteilt, ist wegen der besonderen Ordnungs- und Verzeichnungsgrundsätze der Archive, die sich von denen der Bibliotheken unterscheiden, meist eine einführende Beratung durch fachkundiges Archivpersonal erforderlich. Die Suchenden können auch mit der Schreibmaschine, einem Diktiergerät oder einem Personalcomputer arbeiten oder Bürokopien, Mikrofilme und Vergrößerungen bestellen, die allerdings bezahlt werden müssen.

Eigene Bücher und Zeitschriften

Bibliotheken sind unsere wichtigsten Speicher für Bücher, die wir prüfen, einmal lesen oder bearbeiten wollen. Mit manchen Büchern wollen wir aber immer wieder arbeiten, etwas nachschlagen, lernen. Diese Bücher und Nachschlagewerke schaffen wir am besten selber an.

Angesichts der unübersehbaren Flut von Büchern und den ständig dazukommenden Neuerscheinungen ist die Entscheidung, welche gekauft werden sollen, natürlich nicht einfach. Titel sagen meist wenig aus, vor allem, wenn uns der Autor unbekannt ist. Buchhandlungen können nur einen kleinen Teil der lieferbaren Werke vorrätig haben: die bekanntesten und verkäuflichsten, was aber nicht mit unserem Bedarf übereinstimmen muß. Alle anderen Bücher müssen bestellt werden.

Wenn wir nicht gezielte Hinweise von Fachleuten (Kursdozenten, kompetente Rezensenten in Fachzeitschriften) erhalten, empfiehlt es sich, nur solche Bücher zu kaufen, die wir selbst geprüft haben. Nur das Durchblättern, der Blick in das Inhaltsverzeichnis, auf das Erscheinungsdatum und das Lesen einzelner Abschnitte gibt uns Antwort auf die Fragen:

- Deckt das Buch inhaltlich den Bereich ab, für den ich mich interessiere?
- Entspricht der Stil und die Darstellungsweise meinen Leseabsichten und meinen Vorkenntnissen, oder ist es zu kompliziert geschrieben, enthält zu viele Fachausdrücke oder bleibt es zu oberflächlich?
- Ist das Buch auf dem neuesten Wissensstand oder handelt es sich um eine unveränderte Neuauflage einer älteren Publikation?

Wenn wir diese Prüfung nicht bereits in einer Bibliothek vorgenommen haben, werden wir deshalb die in der Buchhandlung nicht vorrätigen Werke zunächst zur Ansicht bestellen. Nicht alle Buchhandlungen sind in dieser Hinsicht gleichermaßen entgegenkommend – doch empfiehlt es sich, lieber die Buchhandlung zu wechseln, als sich mit jeder Bestellung gleich zum Kauf zu verpflichten. Es lohnt sich auch zu prüfen, wo sich die nächste Fachbuchhandlung befindet, die auf unserem Interessengebiet spezialisiert ist.

Die wichtigsten in Buchhandlungen vorliegenden Kataloge sind:

- das *VLB* (Verzeichnis lieferbarer Bücher). Es wird jährlich von der Buchhändlervereinigung herausgegeben und weist die lieferbaren Titel der Bundesrepublik, Österreichs und der Schweiz nach, aufgelistet nach Autorennamen, mit zusätzli-

chem Titel-, Stichwort-, und ISBN-Register. Die aus 10 Zahlen bestehende ISBN (International Standard Book Number) gestattet die Identifizierung jedes einzelnen Buches.
- *Barsortimentskataloge* (zum Beispiel Lingenbrink, Koch, Neff & Oetinger).

Wie ein Überblick über die Literatur zu einem bestimmten Gebiet gewonnen wird, wurde im vorangehenden Kapitel beschrieben (Kataloge, Bibliographien).

Über Neuerscheinungen informieren wir uns
- durch den Besuch einer *Buchmesse*. Die weitaus größte findet jeweils im Herbst in Frankfurt am Main statt. Daneben gibt es regionale Buchausstellungen sowie Fach- und Themenmessen, die von den entsprechenden Fachverlagen beschickt werden. An den Buchmessen stellen die Verlage ihre Neuerscheinungen aus, die Besucher können die Bücher prüfen, durchblättern, Prospekte sowie Probehefte von Zeitschriften mitnehmen.
- In *Fachzeitschriften* werden Neuerscheinungen besprochen.
- Verlage (wie auch manche Buchhandlungen) geben regelmäßig *Prospekte* ihrer Neuerscheinungen und Gesamtverzeichnisse heraus. Über Fachbuchhandlungen und Buchmessen erfahren wir, welche Verlage ihre Schwerpunkte auf den uns interessierenden Gebieten haben, und können uns in die Adressenkartei für den Prospektversand aufnehmen lassen. Da die Prospekte die Eigenwerbung der Verlage darstellen, ersetzen sie natürlich nicht die bereits erwähnte kritische Prüfung.
- durch den *CIP* (vgl. S. 88).

„Was soll ich dir zum Geburtstag schenken?" wird Herr Schneider von seiner Schwester gefragt. „Da war ein Fachbuch, über das ich eine ausgezeichnete Rezension gelesen habe und das mich sehr interessieren würde. Wie hieß das doch gleich und wo war denn dieser Artikel?" ...

Kennen Sie diesen Dialog? Wenn wir uns systematischer mit der Buchbeschaffung befassen wollen, leistet eine „Prüf- und Anschaffungsliste“ gute Dienste. Eingetragen werden alle Bücher, auf die wir durch Fachleute, Prospekte, Rezensionen aufmerksam werden, wobei neben den bibliographischen Angaben auch die jeweilige Quelle und etwaige Bemerkungen aufgeführt werden. Beim nächsten Besuch in der Bibliothek oder Buchhandlung können wir die entsprechenden Bücher prüfen und entscheiden, ob sie in die Rubrik „Anschaffungen“ übertragen werden sollen (vgl. Abbildung).

Prüf- und Anschaffungsliste

Bibliographische Angaben	**Quelle**	**Bemerkungen**
Prüfen		
‚Online – immer auf Draht‘ Ein Leitfaden zur Informationsbeschaffung, Bonn 1987	Cogito 1992	EDV-Recherchen
W. Schulz „Die Konstruktion von Realität in den Nachrichtenmedien“, Freiburg/München 1990	Funkkolleg Medien und Komm. 1/1990	Information in Massenmedien
Anschaffen		
– Wessels, Michael „Kognitive Psychologie“, UTB, New York 1984	in Bibl. geprüft	Grundlagenwerk
– Buzan, Tony „Kopf-Training“, München 1984	bei Ingrid	Taschenbuch Mind Maps

Diese Liste läßt sich auch auf einem PC mittels eines Datenbank- oder Textverarbeitungsprogramms (vgl. S. 153) führen.

Noch flexibler sind Karteikärtchen: Für jedes zu prüfende Buch wird ein Kärtchen erstellt, das vorne die bibliographischen Angaben, hinten die Quelle und Bemerkungen enthält (vgl. auch S. 151).

Was für Bücher gilt, trifft in noch stärkerem Maße für *Zeitungen und Zeitschriften* zu: Angesichts der großen Zahl und der beträchtlichen Unterschiede in Aufmachung, Stil, Schwerpunkten, Zielpublikum wie auch der parteipolitischen Leitlinien, der vertretenen Meinungen und Weltanschauungen ist vor der Bestellung eine sorgfältige Prüfung unumgänglich. Anhand von Probenummern können wir feststellen, welche Publikationen unseren Ansprüchen, Erwartungen und Lesezielen am ehesten entsprechen. Probenummern können bei den Verlagen angefordert, an Buchmessen mitgenommen oder in der Bibliothek geprüft werden.

Oft werden auch Probeabonnements für Zeitschriften und Zeitungen angeboten, die eine Prüfung über mehrere Nummern des laufenden Jahrgangs ermöglichen. Es empfiehlt sich, den Kündigungstermin genau vorzumerken, da das Abonnement in der Regel automatisch weiterläuft, wenn nicht fristgerecht gekündigt wird.

Regelmäßige Besuche im Zeitschriftenlesesaal der Bibliothek ergänzen unseren Überblick über die Fachpublikationen auch dann, wenn wir uns für ein oder mehrere Abonnements entschieden haben.

Wenn wir laufend einen möglichst vollständigen Überblick über die zu einem bestimmten Bereich veröffentlichten Artikel benötigen, können wir uns an einen *Zeitungsausschnittdienst* wenden. Diese Dienste sichten für ihre Kunden Zeitungen sowie einige Zeitschriften nach den sie interessierenden Artikeln und schicken ihnen die entsprechenden Ausschnitte zu. Da nicht alle Dienste die gleichen Publikationen bearbeiten, empfiehlt es sich, sich zuerst zu erkundigen, welche Zeitungen und Zeitschriften einbezogen werden.

Durch entsprechende Absprachen läßt sich eine solche Dienstleistung auch *selbst* in einer Gruppe *organisieren*: Es wird gemeinsam festgelegt, wer welche Zeitungen und Zeitschriften liest und welches die jeweils interessierenden Themen sind; jeder deckt einen bestimmten Bereich ab und tauscht seine Fundsachen mit den andern aus.

Andere Unterlagen

> Die Diskussion mit engagierten Kolleginnen und die Lektüre der von ihnen ausgeliehenen Artikel über Chemierückstände in Gemüse, Konservierungsmittel, Fehlernährung und daraus resultierende Gesundheitsschäden haben Frau Maler noch mehr verunsichert. Da sich die Artikel aus verschiedenen Quellen oft widersprechen, erhofft sie sich eine sachliche Information vom Bundesministerium für Ernährung, Landwirtschaft und Forsten. Auf ihre Anfrage erhält sie einen dicken Stapel von Broschüren über die einschlägigen gesetzlichen Bestimmungen, über Nährwert, Vitamingehalt und Verbrauchertips für alle Arten von Nahrungsmitteln.

Wenn es um die Beantwortung von Einzelfragen geht, empfiehlt es sich zu überlegen, welche Stellen dafür zuständig sind, und sich direkt dahin zu wenden. Sämtliche Bundesministerien, das Presse- und Informationsamt der Bundesregierung, die Landeszentralen für politische Bildung, das Statistische Bundesamt, die Landesämter, Arbeitsämter, Krankenkassen, Gewerkschaften, Verbraucherverbände, berufsständische Organisationen, Industrie- und Handelskammern, Botschaften und so weiter, geben auf Anfrage Informationen ab. Fast alle öffentlichen und halböffentlichen Institutionen, Verbände in Staat und Wirtschaft, in Bund, Land und Gemeinde erklären den Bürgern oder Mitgliedern in Broschüren und Unterlagen, was sie tun oder wofür sie gut sind. Wer sich mit seinen Fragen an eine dieser Stellen wendet, erhält in der Regel kostenlos oder gegen geringe Gebühr ausführliches Informationsmaterial zugeschickt.

Wichtig zur Beurteilung und Einordnung der Informationen ist für den Leser natürlich die Frage, welche Interessen von der entsprechenden Stelle vertreten werden.

B. Hilfe durch die EDV

> Der Chefarzt eines Krankenhauses will einen Patienten mit einer bestimmten Medikamentenkombination behandeln. Er möchte sich aber zuvor über neueste Forschungsergebnisse zu Unverträglichkeiten der Präparate informieren. In einer DIMDI-Datenbank findet er sieben Hinweise auf Artikel in Fachzeitschriften, die exakt auf seine Fragestellung, welche er im Dialog mit dem Rechner eingrenzen konnte, eingehen. Kopien der gewünschten Fachartikel läßt er sich zustellen.

Die ständig steigende Informationsmenge macht es notwendig, moderne Hilfsmittel einzusetzen, um das persönliche Informationsziel zu erreichen. Die hohen Speicherkapazitäten und Schnelligkeit der modernen Computer und immer weiter verbesserte Benutzerfreundlichkeit haben die **elektronischen Informationsdienste** zu einem bedeutenden Hilfsmittel bei der Informationsbeschaffung werden lassen. **Datenbanken** waren in Europa noch vor wenigen Jahren nur einem kleinen Kreis Eingeweihter bekannt. Mittlerweile nutzen immer mehr Unternehmen, Hochschulen und Forschungsinstitute systematisch Datenbanken, um aus der verwirrenden Vielfalt von Veröffentlichungen die für sie nützlichen Informationen herauszufiltern.

Daten, d.h. Informationen in Form von Zeichen, Texten und Bildern, werden nach bestimmten Kriterien systematisch geordnet und auf magnetisch/optischen Speichern erfaßt. Zusammen mit einer Datenbankverwaltungs- und Retrieval-(Abfrage, Auffinden)-Software entsteht dann auf dem Computer die Datenbank, die nach den verschiedenen Kriterien am Computerterminal oder PC abgefragt werden kann.

Datenbanken lassen sich nach der Form des Informationsabrufs unterteilen in:

- **Online** = direkt bei einer Datenbank auf Großsystem (**Online-Datenbanken**)
  Bei der **Online**-Abfrage wird weiter unterschieden nach Form des Beschaffungsweges:

  - **indirekter Dialog:** ein Dritter recherchiert im Kundenauftrag (Einschaltung eines **Informationsvermittlers**, vgl. S. 108)
  - **direkter Dialog:** der Kunde recherchiert selbst (über Datex-Netz, S. 112; über Btx, S. 115)
- **Offline** = nicht an Großsystem angeschlossen, Daten befinden sich auf spezieller Compact Disc (**CD-ROM-Datenbanken**, vgl. S. 121)

Online-Datenbanken

Die ersten Online-Datenbanken entstanden in den USA bereits vor mehr als 20 Jahren im Rahmen der nationalen Raumfahrtprogramme. Sie enthielten bibliographische Hinweise auf überwiegend naturwissenschaftlich-technische Fachliteratur. Seit Anfang der 80er Jahre hat die Entwicklung in größerem Umfang auch in Europa begonnen. 1993 wurden weltweit etwa 6000 internationale Online-Datenbanken ermittelt, und die Zahl nimmt ständig weiter zu.

Erstellt werden die Datenbanken von verschiedenen privaten und öffentlichen Institutionen. Zum Teil handelt es sich um Verlage, Auskunftsbüros und Banken oder um große nationale und internationale Informations- und Dokumentationseinrichtungen. Um die Informationen und Publikationen in Datenbanken zugänglich zu machen, müssen sie systematisch gesammelt, ausgewählt, bewertet und so aufbereitet werden, daß sie vom Suchenden auch gefunden werden. Dazu sind nur Fachwissenschaftler in der Lage. Sie werten laufend die in einem bestimmten Gebiet erscheinenden Veröffentlichungen aus, indem sie die bibliographischen Daten (Autor, Titel, Quelle usw.) erfassen, den Inhalt des Artikels in einem Kurzreferat (Abstract) zusammenfassen und Schlagwörter entsprechend einem Verzeichnis (Thesaurus) vergeben. Die Ergebnisse werden in die Datenbank aufgenommen und stehen danach dem Benutzer zur Verfügung.

Jede Datenbank hat unterschiedliche Schwerpunkte. Der Datenbankproduzent bestimmt den Aufbau, Inhalt und die Abfragesprache der Datenbank.

Wegen der sehr hohen Kosten für Sammlung, Aufbereitung und Speicherung der Informationen findet man nur wenige Produzenten mit ganz verschiedenen Datenbanken, meist werden mehrere mit verwandten Gebieten angeboten, um so die Angebotspalette und Marktstellung zu erweitern.

Die eigentliche Verwaltung und Verwertung der Datenbank, d. h. Speicherung, Auswertung und Online-Weitergabe von Ergebnissen, wird meist nicht vom Datenbankproduzenten selbst, sondern von zwischengeschalteten Institutionen oder Firmen, den sog. **Hosts** (aus dem Englischen – hier in der Bedeutung: Hauptrechner), vorgenommen. Sie bemühen sich, die Datenbankleistungen am Markt abzusetzen und zum Beispiel durch einfachere Abfragesprachen und Schulung der Kunden mehr Interessenten für die Online-Dienste zu gewinnen. Es gibt eine Reihe von großen Hosts, die eine Vielzahl von verschiedenen Datenbanken anbieten (in Europa führend ist zum Beispiel Data Star in Bern mit mehr als 250 Datenbanken). Eine Liste mit den großen Hosts und Angabe einiger von ihnen vertriebenen Datenbanken findet sich auf S. 166.

> Das im Beispiel auf S. 100 erwähnte DIMDI (Deutsches Institut für medizinische Dokumentation und Information) in Köln gehört zu den bekannten Hosts in Deutschland. DIMDI verfügt über ein umfassendes Angebot an Datenbanken im Bereich Biowissenschaften, Medizin und Randgebieten. Es werden eine Vielzahl von international renommierten Datenbanken sowie deutsche Datenbankprodukte angeboten. Die meisten bei DIMDI abfragbaren Datenbanken wurden von dem Institut aufgekauft oder angemietet, einige auch selbst aufgebaut.

Der Endnutzer kann entweder selbst mit seinem PC oder über einen Informationsvermitler Kontakt mit dem Host aufnehmen und die Datenbanken nutzen.

Damit können mindestens drei oder sogar vier Ebenen bei der Nutzung von Online-Datenbanken unterschieden werden:

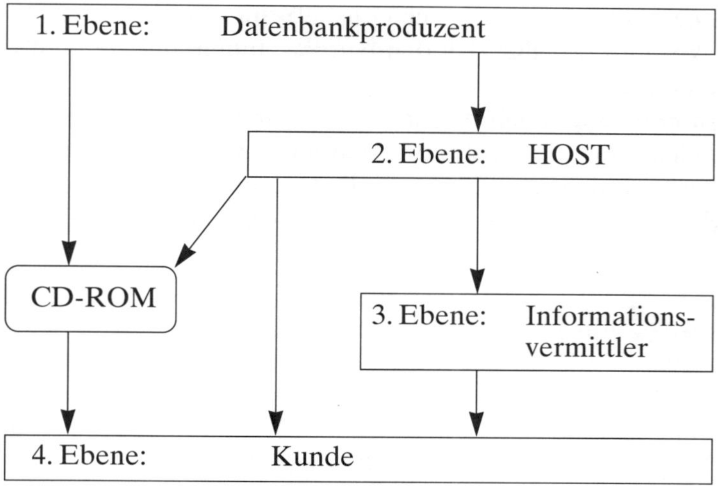

1. Datenbankproduzent
2. Host
3. Informationsvermittler oder Endnutzer
4. Endnutzer

Für die Abfrage spielt es keine Rolle, in welchem Land die Rechner der Hosts stehen. Der Zugang zu den Datenbanken ist über internationale Datennetze und Kooperation der Hosts ohne Probleme weltweit möglich und gesichert.

Arten von Online-Datenbanken

Je nach Art der abrufbaren Informationen werden verschiedene Datenbanktypen unterschieden:

- *Referenz-Datenbanken* speichern Hinweise auf Informationen, die noch beschafft werden müssen, beispielsweise Hinweise auf Literatur, auf Forschungsvorhaben oder auf Firmen und Experten.
- *Source-Datenbanken* enthalten die eigentlichen Informationen, die direkt abrufbar sind: Faktendatenbanken und Volltextdatenbanken.

Literaturdatenbanken (oder auch Literaturhinweisbanken) speichern Hinweise auf Publikationen, bibliographische Daten und Kurzreferate. Gesucht wird nach Autoren, Titeln, Schlagwörtern, teilweise auch nach einzelnen Wörtern. Literaturdatenbanken entsprechen den gedruckten Bibliographien, bieten aber wesentlich schnellere und vielfältigere Zugriffsmöglichkeiten (zum Beispiel durch Einschränkung oder Kombination mehrerer Begriffe).

Beispiele von Literaturdatenbanken:

BIBLIODATA	bibliographische Daten – Herausgeber Deutsche Bibliothek Frankfurt
BLISS	betriebswirtschaftliche Literatur
CAS (CHEMICAL ABSTRACTS SERVICE)	chemische Reaktionen, chem. Substanzen, Materialien etc.
MEDLINE	medizinische Literatur

Datenbanken für Forschungsvorhaben

Zur Förderung der Kontakte, Zusammenarbeit und Information zwischen Institutionen und Forschern, die gleiche oder ähnliche Fragestellungen bearbeiten, werden die Forschungsvorhaben bereits im Planungsstadium erfaßt und auf Datenbanken gespeichert. Dadurch kann die Informationslücke bis zur Veröffentlichung der Forschungsergebnisse überbrückt werden.

Beispiele:

AGREP	Forschungsprojekte im Agrarsektor im Bereich der Europäischen Gemeinschaft
FORIS	Forschungsinformationssystem Sozialwissenschaften
UFORDAT	Umweltforschungsdatenbank über Projekte in Deutschland, Österreich und der Schweiz
FORS	Forschungsprojekte Raumordnung, Städtebau, Wohnungswesen

Faktendatenbanken

Bei diesen Datenbanken können die gesamten Informationen, Zahlen, Daten (wirtschaftswissenschaftliche und Managementinformationen, Statistiken, Waren-, Rohstoffmärkte, Börsen-, Kredit-, Wertpapierinformationen, Patente) direkt abgerufen werden.

Beispiele von Faktendatenbanken:

ABDA-PHARMA	Informationen zu Arzneistoffen und Fertigarzneimittel, z. B. Abgabebestimmungen, Dosierung, Indikationen, Nebenwirkungen, Kontraindikationen
FAIRBASE	Termine und Informationen über Messen, Ausstellungen und Kongresse in über 2010 Orten
INPADOC	Patentdatenbank, Datenbank des Internationalen Patentdokumentationszentrums
JURIS	Rechtsprechung in Deutschland

Volltextdatenbanken

In Volltextdatenbanken werden nicht nur bibliographische Angaben und Abstracts, sondern die vollständigen Texte gespeichert. Abgefragt werden kann nicht nur nach den Schlagwörtern und Autoren, sondern auch nach einzelnen Wörtern des Textes.

Beispiele:

FRANKFURTER ALLGEMEINE ZEITUNG	seit 10/1989, 2 Tage Zeitverzug
VDI-NACHRICHTEN	Technik, Wirtschaft, Wissenschaft
WIRTSCHAFTSWOCHE	seit 6/84 wöchentlich

Programmsammlungen – Bulletin board systems (BBS)

Vor allem große Bildungsinstitute, aber auch private Hosts betreiben BBS und bieten damit dem Nutzer die Möglichkeit,

Computerprogramme über das Telefonnetz herunterzuladen. Meist handelt es sich hierbei um Shareware-Programme, die frei kopiert werden dürfen. Entscheidet sich der Benutzer, das Programm regelmäßig einzusetzen, bezahlt er dem Programmentwickler eine bescheidene Gebühr.

Die Aufteilung des weltweiten Datenbankangebots nach Hauptsachgebieten zeigt die Übersicht S. 107.

Mehr als die Hälfte aller Datenbanken entfallen danach auf den Bereich Wirtschaft, dabei handelt es sich zum größten Teil um Faktendatenbanken. So gibt es eine Vielzahl von Datenbanken mit Marketing- und Finanzinformationen für nahezu alle Länder und Kontinente. Eine Besonderheit stellen die transaktionsorientierten Datenbanken oder Realtime-Dienste dar: Sie aktualisieren die Informationen laufend und stellen sie den Kunden zur Verfügung (Beispiele: Nachrichtendienste, Dienste, welche die aktuellen Kursentwicklungen mitteilen).

Helfen können bei der Wahl der richtigen Datenbank aus dieser Vielfalt die Informationsvermittler oder aber Verzeichnisse, die entweder den Gesamtbestand oder spezielle Teilbereiche abdecken. Sie sind sehr umfangreich und dementsprechend teuer, man kann sie aber meist in Bibliotheken oder anderen Einrichtungen einsehen.

Beispiele:
„Directory of online databases", Cuadra/Gale Research Inc., Detroit, London, zeigt auf über 1000 Seiten den Gesamtbestand weltweit, gegliedert nach Bereichen und in geographischer Einordnung; erscheint zweimal jährlich

Weitersheim, B. von/Koch, H. (Bearb.): Handbuch der Datenbanken für Naturwissenschaft, Technik, Patente; erscheint jährlich bei Hoppenstedt, Darmstadt

SCIENTIFIC CONSULTING
Dr. Schulte-Hillen (Bearb.): Handbuch der Wirtschaftsdatenbanken; Hoppenstedt, Darmstadt

Verteilung des weltweiten Datenbankangebots nach Hauptsachgebieten

Sachgebiet	Anzahl der Datenbanken				
	Bestand Anfang 1986	Veränderung minus	plus	Bestand Anfang 1991	Netto-zuwachs
Wirtschaftsinformation, Wirtschaftswissenschaften	1.385	727	1.919	2.577	1.192
Naturwissenschaft, Technik, Patente	599	154	661	1.106	507
Rechtsinformation	253	49	423	627	374
Geisteswissenschaften, Sozialwiss. (ohne Wirtschafts- und Rechtswiss.)	157	30	115	242	85
Nachrichten, Zeitungen	79	28	177	228	149
Multidisziplinär	159	25	98	232	73
Sonstiges	16	8	17	25	9
Gesamt	2.648	1.021	3.410	5.037	2.389

(Quelle: SCIENTIFIC CONSULTING Dr. Schulte-Hillen, Köln 1991).

Wie erhalte ich Informationen aus Datenbanken?

Um an die in den Online-Datenbanken gespeicherten Informationen heranzukommen, kann man die Hilfe von Informationsvermittlern in Anspruch nehmen oder selbst direkt über den eigenen PC unter Zuhilfenahme der Telekommunikationsdienste mit einem Host Kontakt aufnehmen.

Einschaltung von Informationsvermittlern (Informationbroker)

Informationsvermittler sind qualifizierte Fachleute, die mit Hilfe ihrer technischen Ausstattung (Terminal, PC und Anschluß über Datenleitung) Zugang zu Online-Datenbanken haben und ihre Erfahrung und ihr Wissen dem Kunden bei der Informationsbeschaffung zur Verfügung stellen. Es gibt Informationsvermittlungsstellen (IVS) im privaten und öffentlichen Bereich.

privater Bereich:
- meist kleinere und mittlere Unternehmen mit Hauptdienstleistung Datenbankinformation
- Nebenleistungen von Banken – Abwicklung z.T. über selbständige Gesellschaften
- Fachinformationszentren (sie sind privatrechtlich organisiert mit Beteiligung des Bundes und sind nur zu einem geringen Teil als Informationsvermittler tätig, daneben Datenbankproduzent und Host)

öffentlicher Bereich:
- Industrie- und Handelskammern
- Informationsvermittlungsstellen (z.B. in Bibliotheken), die an Universitäten, Gesamt-/Fachhochschulen/Pädagogischen Hochschulen angeschlossen sind
- Öffentliche Bibliotheken (z.B. Stadt- und Landesbibliotheken)

Die Informationsvermittlungsstellen sind meist spezialisiert auf bestimmte Bereiche (z. B. Wirtschafts-, Technik- oder Patentrecherchen) und vielfach vertraglich mit mehreren Hosts verbunden, um ihren Kunden eine große Anzahl von Datenbanken anbieten zu können.

Die Zahl der öffentlichen und kommerziellen Informationsvermittler in Deutschland belief sich in 1993 auf über 540.

Verzeichnisse der Informationsvermittler werden von verschiedenen Stellen erstellt und laufend überarbeitet, z. B.

- „Who is Who; Das Jahrbuch der Online-Szene 1992/1993"
  Redaktion und Verlag: b.team, B. Breidenstein GmbH, Untermainkai 83, 6000 Frankfurt/Main
- „Verzeichnis der Informationsvermittlungsstellen in der Bundesrepublik Deutschland"
  cogito, im Verlag Hoppenstedt & Co, 6100 Darmstadt
  Die Ausgabe 1993 enthält ortalphabetisch sortiert 543 öffentliche und kommerzielle Firmen und Institutionen, die Online-Recherchen anbieten
- „Die Informationsvermittler für Bayerns Wirtschaft"
  InfonetzBayern e. V. – Herausgeber: Bayerisches Staatsministerium für Wirtschaft und Verkehr

Datenbankrecherchen über Informationsvermittler im Bereich Forschung und Entwicklung für kleinere und mittlere Unternehmen werden durch öffentliche Zuschüsse gefördert, Auskünfte erteilen die Industrie- und Handelskammern sowie Handwerkskammern, außerdem das Institut der Deutschen Wirtschaft (Anschrift im Anhang S. 166).

Weitere nützliche Adressen für Fragen im Zusammenhang mit der Online-Datenbank-Nutzung sind ebenfalls im Anhang aufgeführt.

Eine Studentin benötigt für ihre Doktorarbeit in Psychologie umfassende Angaben, welche Publikationen im betreffenden Problembereich existieren und welche Ergebnisse bekannt sind. Sie wendet sich an die Zentralstelle für Psychologische Information und Dokumentation (ZPID) in Trier. Mit Hilfe des Informationsvermittlers formuliert sie ihren Suchauftrag und grenzt genau ab, in welchen Datenbanken und ab welchem Jahr gesucht und welche Suchstichworte verwendet werden sollen, umschreibt ihre Fragestellung und nennt zwei Artikel, die sie bereits gefunden hat.

Nach zwei Wochen erhält sie 30 Literaturnachweise mit allen bibliographischen Angaben und Zusammenfassungen. Sie prüft die Abstracts und bestellt die Arbeiten, die sie ganz lesen will, über ihre Universitätsbibliothek.

An Kosten wird von der ZPID eine Grundgebühr, die benötigte Rechnerzeit und eine Gebühr pro ausgedrucktem Literaturnachweis verrechnet.

Das Expertenwissen der Informationsvermittler ist nicht nur wichtig bei der Auswahl der in Frage kommenden Datenbanken und Hosts. Informationsvermittler haben auch Kenntnisse über die bei der einzelnen Datenbank in Frage kommenden Abfrage-(Retrieval)sprache. Sowohl Datenbankproduzenten als auch Hosts bemühen sich, dem Nutzer über Verbesserungen der Benutzeroberfläche (z.B. über Menüsysteme) die Arbeit zu erleichtern.

Informationsvermittler kennen die Strukturen und Zugriffsmöglichkeiten bei den einzelnen Datenbanken und Hosts. Sie helfen Interessenten, zu einer problemgerechten Fragestellung zu kommen. Dies ist wichtig, da über die richtige Auswahl des Begriffsbereiches entscheidend die Anzahl der „Treffer" bei der Suche bestimmt wird.

Je nach Aufgabenstellung können die beschafften Informationen durch die IVS weiter bearbeitet, ergänzt oder zusammengefaßt werden. Über die Informationsvermittler kann die gewünschte Originalliteratur beschafft werden.

Die Suchaufträge werden den Informationsvermittlern telefonisch oder schriftlich erteilt, die Ergebnisse erhält der Auftraggeber ebenfalls schriftlich oder aber in maschinenlesbarer Form (Down loading, Diskettenlieferung oder CD-ROM, vgl. S. 121).

Die bei der Informationssuche durch Einschaltung von Informationsvermittlern anfallenden Kosten setzen sich zusammen aus:

a) Honorar des Informationsvermittlers: unterschiedlich, je nach Art des IVS (öffentlich oder privat), Abrechnung oft nach aufgewendeter Zeit, der Stundensatz schwankt zwischen DM 90 bis DM 200.
b) Host-, Datenbank- und evtl. Dokumentgebühren sowie Leitungskosten, somit Fremdkosten

Bei manchen IVS, insbesondere privaten, wird ein Mindestauftragswert (DM 100 oder höher) verlangt. Für Kurzabfragen und Literaturnachweise gibt es oft aber auch günstige Sätze, z.B. verlangt die Zentralbibliothek Zürich für eine Kurzrecherche in einer Datenbank begrenzt auf 5 Minuten Online-Abfragezeit Fr. 5,– (5 Literaturzitate inbegriffen, die weiteren zu Selbstkosten).

Informationsvermittlungsstellen führen nicht nur Online-Recherchen im Rahmen von einmaligen Suchaufträgen nach genau umrissener Fragestellung durch, sondern bieten auch *Profildienste* an, die abonniert werden können. In regelmäßigen Zeitabständen (täglich, wöchentlich, monatlich oder vierteljährlich) erhält der Kunde die neuesten Literaturhinweise zu seinem Interessengebiet.

Standardprofile werden dabei für einen größeren Interessentenkreis zu bestimmten Themen erstellt, während *Individualprofile* ganz auf die Wünsche des einzelnen Benutzers zugeschnitten sind.

Die Literaturdatenbanken der Fachinformationsdienste liefern auch das Material zur Erstellung der regelmäßig erscheinenden Fachbibliographien und Referatedienste (vgl. S. 87f.), die ebenfalls abonniert werden können. Oft werden neben den allgemeinen Fachbibliographien zusätzliche Bibliographien zu ausgewählten Themen erstellt.

Eigene Online-Abfrage (direkter Zugang zur Datenbank)
Eigener PC oder Terminal

Wer über einen eigenen Mikrocomputer (PC) oder ein anderes datenfernübertragungsfähiges EDV-Terminal (heute nur noch selten benutzt) verfügt, hat die Möglichkeit, selbst den Kontakt zu einem Host und damit zu Datenbanken aufzunehmen. Diese Möglichkeit, d. h. die direkte Kommunikation zwischen Nutzer (PC-Besitzer) und verschiedenen externen Stellen, wird heute in immer stärkerem Maße genutzt. Für viele Endnutzer sind Datenbanken der Ersatz oder die Ergänzung von Nachschlagewerken, die in der Regel in Griffnähe am Arbeitsplatz stehen.

Die Entscheidung, ob die Informationsbeschaffung aus Online-Datenbanken über Vermittler oder durch direkten Zugriff erfolgen soll, hängt vor allem von Umfang, Häufigkeit und Dringlichkeit der Informationssuche ab. Die Kenntnisse der Datenbankinhalte und -strukturen und vor allem auch der unterschiedlichen Abfragesprachen (Retrieval) können nur bei regelmäßigem Recherchetraining (ein bis zwei Recherchen pro Woche) erhalten werden.

Für die Übertragung der Signale können entweder die Telefonleitung oder die besonderen Datennetze der Post (Datex-Dienste oder Telepac in der Schweiz) genutzt werden. Dabei ist als Schnittstelle entweder ein Akustikkoppler (heute seltener) oder ein Modem erforderlich. Akustikkoppler verwandeln die vom Computer ausgehenden digitalen Signale in akustische Signale. Der Telefon-Handapparat wird auf den Akustikkoppler aufgelegt; ohne technische Eingriffe kann dadurch das Telefon für die Übertragung benutzt werden.

Beim Modem (Abkürzung für Modulation/Demodulation) werden analoge Signale (Telefonleitung) in digitale Signale (PC) umgesetzt und umgekehrt. Es wird über Kabel und Stecker fest mit dem PC verbunden, auf der anderen Seite geht die Verbindung per Kabel in die Telefonanschlußbox. Das Modem fungiert als Bindeglied zwischen PC und dem Telefon- bzw. Datennetz. Modems sind heute frei verkäuflich (müssen von der Post abgenommen werden) und wie auch die gesamte EDV-Hardware im

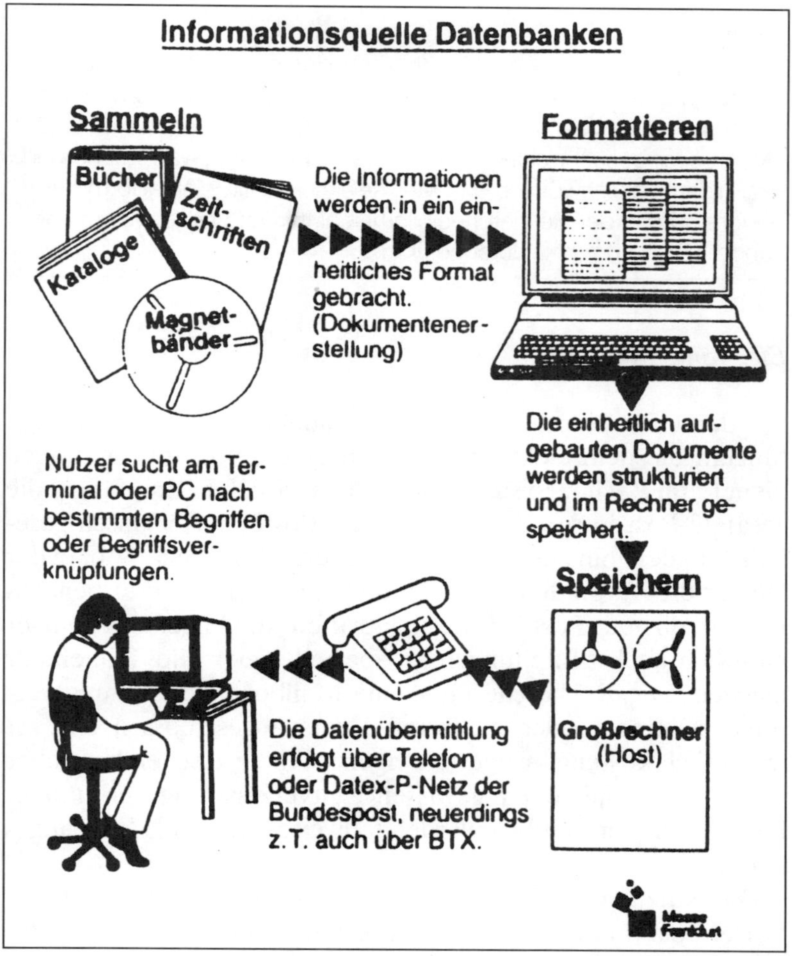

aus „Fachinformationsprogramm“ der Bundesregierung 1990–1994, Bonn 1990.

Preis stark gefallen. Dies hat auch zur bedeutenden Steigerung bei der Online-Nutzung der PCs beigetragen.

Zur Steuerung und Überwachung des Datenflusses wird außerdem eine Telekommunikationssoftware benötigt. Um auf Online-Datenbanken zugreifen zu können, muß ein Nutzungsvertrag mit einem Host abgeschlossen werden.

Beispiel:
Ein Hersteller von Herrenbekleidung benötigt regelmäßig die Veröffentlichungen aus Handelsblatt, Wirtschaftswoche und Absatzwirtschaft über seine Branche und die drei größten Wettbewerber im Inland. Ein Mitarbeiter besucht einen Kurs für die Genios-Retrievalsprache und kann damit die gewünschten Daten selektieren. Die einmal formulierte Suche wird in der Recherchebibliothek hinterlegt und jeweils mit geändertem Datum neu durchgeführt.

Electronic Mailbox

Bei den elektronischen Mailboxen handelt es sich um Einrichtungen, die dem elektronischen Austausch von Informationen dienen. Im Rechnersystem der Mailbox wird dem Empfänger die gesamte Post in sein (elektronisches) Postfach (technisch gesehehen in den ihm zustehenden Speicherplatz) gelegt. Sobald der Nutzer die Verbindung zur Mailbox aufnimmt, wird er benachrichtigt, ob neue Post für ihn eingetroffen ist. Umgekehrt kann er natürlich auch Mitteilungen an spezielle oder alle Teilnehmer machen. Die Recherche über eine Mailbox, die Nutzungsverträge zu einem oder mehreren Hosts abgeschlossen hat, ist wesentlich kostengünstiger als eigene Online-Recherchen, aber in der Regel mit einer gewissen Zeitverzögerung verbunden. Funktionen der Mailbox werden teilweise auch von Hosts angeboten.

Die Nutzung des Datenbank-Services einer Mailbox hat den Vorteil, daß nur ein Vertrag, nämlich der mit dem Mailbox-Betreiber, abgeschlossen werden muß. Danach hat man mit nur einem Passwort Zugang zu einer Vielzahl von Datenbanken. Durch Anwendung spezieller Programme bieten die Mailboxen zudem Hilfestellung bei der Auswahl, Verbindungsaufbau zum entsprechenden Host und beim Datenbank-Management. Über alle Leistungen erhält der Kunde nur die Rechnung der Mailbox. Natürlich müssen die Dienste der Mailbox zusätzlich zu den Datenbankgebühren bezahlt werden. Einige bekannte Mailboxen sind im Anhang aufgeführt.

Bildschirmtext (Btx) – (Videotex in der Schweiz)

Eine weitere Möglichkeit des direkten Zugriffs auf Online-Datenbanken liegt in der Teilnahme am Btx-Dienst der Deutschen Bundespost Telekom (bzw. in der Schweiz Videotex-Dienst der PTT Telecom).

Bildschirmtext ist – sachlich gesehen – ein Datenbanksystem, das über das Telefonnetz betrieben wird. Mit diesem Dienst sollte eine sinnvolle Zusatznutzung des größten bestehenden Kommunikationsnetzes (Telefonnetz) erreicht werden.

Das Angebot, das über Btx dem Nutzer geboten wird, ist vielfältig. Anbieter (Anfang 1993 in Deutschland rund 3000) sind Firmen aus Industrie, Handel, Banken und Versicherungen sowie der Reisebranche, aber auch Hosts, die ihre Datenbanken über Btx zugänglich machen.

Nach Sachgebieten läßt sich das Angebot wie folgt gliedern:

- *Wirtschaft und Beruf* – Prospekte von Firmen, Börsendaten, Firmeninformationen, Messen und Ausstellungen, Who's Who und Zugriff auf Online-Datenbanken
- *Telekommunikation* – elektronischer Briefkasten (Mailbox), Übergang zu Telex und Telefax-Nutzung
  Länderübergänge nach Frankreich, Luxemburg, Niederlande, Österreich und Schweiz zum Einstieg in dortige Btx- bzw. Videotex-Systeme und Datenbanken
- *Reise, Touristik und Verkehr* – Wettervorhersage, Flüge aussuchen und buchen, Zugfahrpläne und Reservierungen etc.
- *Tips und Tricks für den PC* – Produktbörsen einzelner Hersteller, Computerclubs (z. B. WDR), Kontakt zu Herstellern von Software (Hotlines) etc.
- *Telebanking* – Kunde kann per Btx Tag und Nacht Kontakt mit der eigenen Bank aufnehmen und Geldgeschäfte abwickeln
- *Spiele und Unterhaltung*
- *Auskunfts-Systeme* – komplettes Telefonbuch, Teilnehmer Telefax/Bildschirmtext, Verzeichnis alte und neue Postleitzahlen
- *Nachrichten und Aktuelles* – Stadtmagazine, komplette Tageszeitungen, Wirtschaftsdatenbanken, Informationen des Deutschen Bundestages, sonstige Nachrichtenangebote

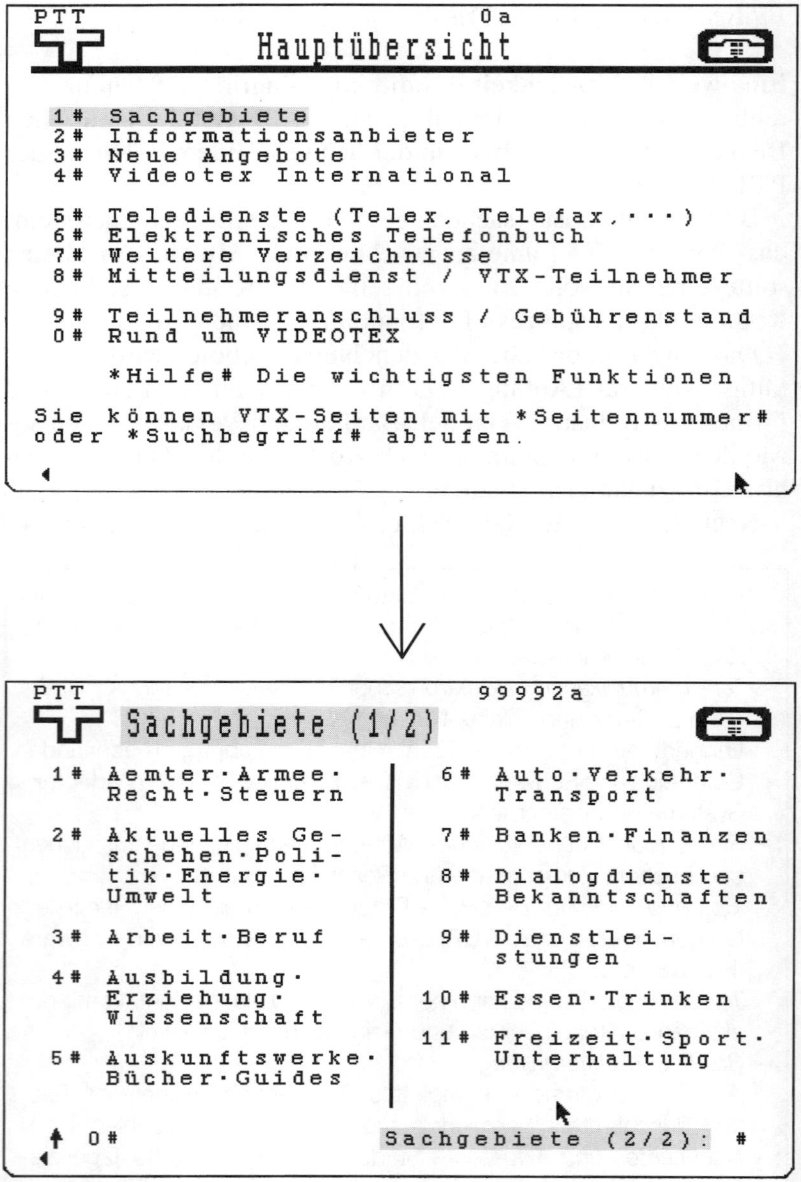

Beispiel Videotex:
Inhaltsverzeichnis Hauptübersicht, Sachgebiete, Tourismus

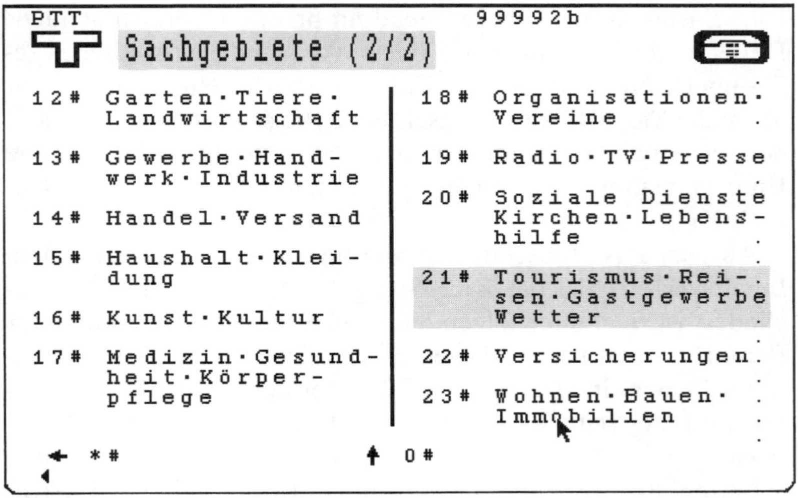
PTT
99992b
Sachgebiete (2/2)
12# Garten·Tiere·Landwirtschaft
13# Gewerbe·Handwerk·Industrie
14# Handel·Versand
15# Haushalt·Kleidung
16# Kunst·Kultur
17# Medizin·Gesundheit·Körperpflege
18# Organisationen·Vereine
19# Radio·TV·Presse
20# Soziale Dienste Kirchen·Lebenshilfe
21# Tourismus·Reisen·Gastgewerbe Wetter
22# Versicherungen
23# Wohnen·Bauen·Immobilien
**
0#

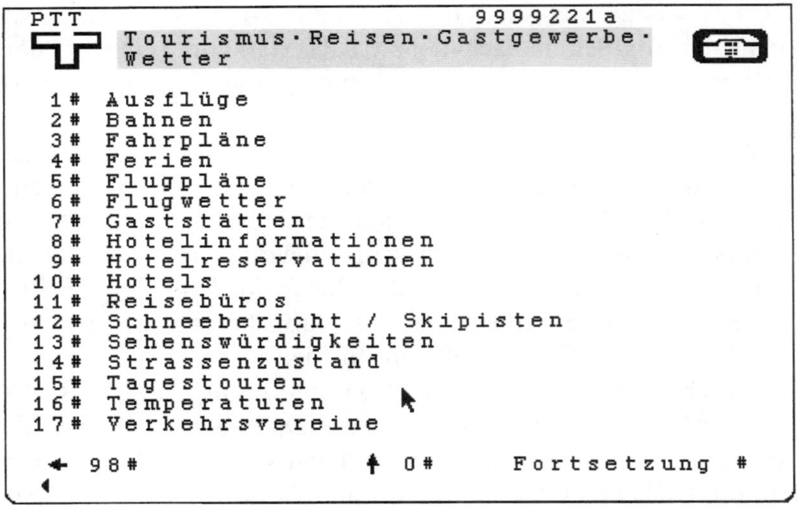
PTT
9999221a
Tourismus·Reisen·Gastgewerbe·Wetter
1# Ausflüge
2# Bahnen
3# Fahrpläne
4# Ferien
5# Flugpläne
6# Flugwetter
7# Gaststätten
8# Hotelinformationen
9# Hotelreservationen
10# Hotels
11# Reisebüros
12# Schneebericht / Skipisten
13# Sehenswürdigkeiten
14# Strassenzustand
15# Tagestouren
16# Temperaturen
17# Verkehrsvereine
98#
0#
Fortsetzung #

Bildschirmtext wird überwiegend im privaten Bereich genutzt. Dabei stehen Nutzungen wie Telebanking und elektronisches Telefonbuch im Vordergrund. Für gewerbliche Nutzer fallen vor allem die Möglichkeiten, tagsaktuelle Preise abrufen zu können, den Außendienst zu informieren, das Bestellgeschäft und die Entgegennahme von Kundenwünschen rund um die Uhr ins Gewicht.

Aufgebaut ist Bildschirmtext wie ein Buch. Es beginnt mit dem Inhaltsverzeichnis, das nach Sachgebieten oder Anbietern gegliedert ist. Dahinter folgen Seite auf Seite alle Angebote. Der Benutzer wählt im Inhaltsverzeichnis jene aus, die ihn interessieren. Über eine vierstellige Zahl oder den Namen des Anbieters findet er schnell, wonach er sucht (vergl. Abb. S. 116).

Als Btx-Endgeräte können vom Nutzer eingesetzt werden:
- Fernsehapparat mit eingebautem Btx-Decoder, Btx-Anschlußbox und Tastatur
- spezielle Btx-Geräte der Deutschen Bundespost Telekom mit oder ohne integriertem Telefon
- PC sowie Modem und Decoder (meist als Software)

Der Decoder sorgt für die Übersetzung der über das Telefonnetz von einer Btx-Vermittlungsstelle ankommenden Datensignale in Btx-Seiten nach dem CEPT-Standard (einheitlicher europäischer Standard für bildschirmtextartige Fernmeldedienste).

Nicht zuletzt dank der verstärkten Werbung, jetzt „online“ zu gehen und die vielen Online-Vorteile mit dem PC zu nutzen, gewinnt diese Variante immer mehr an Bedeutung und hat den stärksten Zuwachs. Aus Werbegründen wird dem Neueinsteiger kostenlos ein Anschlußset für die Dauer der Nutzung von Btx überlassen. Dieses enthält ein Anschlußkabel mit integriertem Modem und die Online-Software für den PC.

Durch Verbindung von Host-Computern mit dem Btx-Rechner der Telekom werden auch externe Datenbanken über Bildschirmtext abrufbar. Die Auswertungen von April 1992 geben für die BRD einen Stand von 489 und die Schweiz einen Stand von 61 externen Datenbanken an, die über Btx bzw. Videotex erreicht werden können.

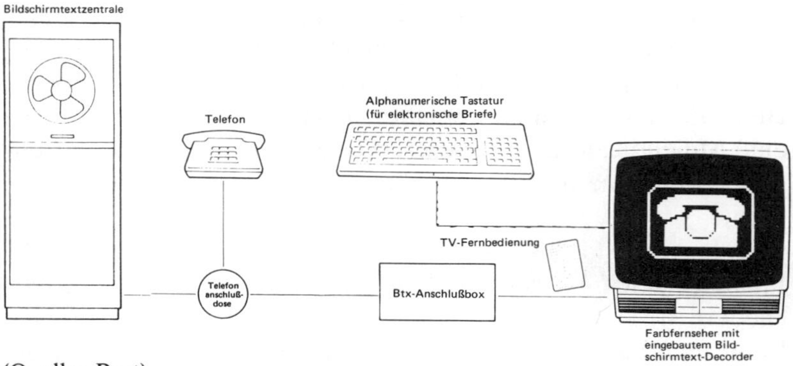

(Quelle: Post)

Die Teilnehmerzahlen für Bildschirmtext werden zum selben Termin mit rd. 330000 für die BRD und 90000 für die Schweiz angegeben. Die Entwicklung hat in keiner Weise den ursprünglichen Erwartungen bei der Einführung dieses Dienstes (1983 in der BRD) entsprochen. Im Gegensatz dazu steht die Entwicklung in Frankreich, wo sich Télétel bis zu einer Teilnehmerzahl von rund 6,2 Millionen entwickelte.

Als Kosten entstehen für den Nutzer:

a) Verbindungsgebühr	Telefon Ortstarif Datex-Dienste – soweit genutzt
+ b) Btx-Benutzungsgebühr	
- -	
= c) Kosten für Btx-Nutzung	inklusive Nutzung der kostenlosen Angebote
d) + Entgelt für kostenpflichtige Angebote (z.B. Datenbanknutzung)	Von Btx-Anbietern festgesetzte Preise werden am Bildschirm angezeigt

Die Kosten sind in den einzelnen Ländern unterschiedlich. Sie wurden eine Zeitlang subventioniert, um die Entwicklung voranzutreiben. In letzter Zeit ist aber eher eine Verfestigung zu verzeichnen, denn nach Jahren der Verluste sollen diese Dienste in absehbarer Zeit ein ausgeglichenes Ergebnis aufweisen.

Ein endgültiger Durchbruch auf breiter Ebene ist weder bei Btx noch bei Videotex erreicht, sie stellen aber für jedermann eine Möglichkeit dar, an den elektronischen Informationsdiensten teilzunehmen.

Hilfe bei der Online-Abfrage

Im Kapitel über die Rolle der Informationsvermittler wurde schon erläutert, daß trotz aller Vereinfachungsbemühungen bei der Abfrage in Online-Datenbanken durch die Anbieter immer noch ein beachtliches Recherche-Know-how erforderlich ist, um in angemessener Zeit, d.h. bei niedrigen Kosten, zu vernünftigen Ergebnissen zu kommen. Da der größte Teil der Datenbanken in englischer Sprache geführt wird, sind für weltweite Recherchen zudem Englisch-Kenntnisse erforderlich. Anwenderfreundliche Tendenzen mit verstärkter Berücksichtigung der Landessprachen sind jedoch spürbar.

Viele Hosts und auch Informationsvermittler bieten Trainingskurse und Workshops für Nutzer an. Die Schulung umfaßt verschiedene Aspekte wie etwa: Auswahl der Quellen, Umsetzung der Quellen in eine elektronische Datenbank, Art und Anzahl existierender Datenfelder, Benutzung von Deskriptoren sowie die Verfügbarkeit freier Schlagworte. Nur durch eine genaue Formulierung und Abgrenzung der Suchfrage können die gewünschten Informationen vermittelt werden. In Trainingsdatenbanken können die Suchwege und Abfragetechniken kostenfrei erprobt und eingeübt werden.

Wichtig ist auch die Nachbearbeitung der Recherchen. Es ist empfehlenswert, Telekommunikationsprogramme zu verwenden, die erlauben, alle am Bildschirm angezeigten Informationen in eine Datei laufen zu lassen oder auch auszudrucken. Die Mehrzahl der Online-Benutzer wählt die Mitprotokolliermöglichkeit. Nach Beendigung der Abfrage in der Datenbank kann die Datei mittels eines Textverarbeitungsprogramms bearbeitet werden, indem zum Beispiel Teile herausgenommen, hervorgehoben werden.

Vorteilhaft ist es, die aus der Online-Abfrage auf dem PC gebildete Datei (sog. Download Datei) nicht über ein Textsystem auszugeben, sondern wiederum in ein Literatur-Dokumentationsprogramm auf dem PC zu übernehmen (vgl. S. 153). Dieses eigene Dokumentationssystem kann dann inhaltlich verändert und durch zusätzliche Einträge ergänzt werden. Außerdem bestehen umfangreiche Ausgabemöglichkeiten.

Der „kühne“ Nutzer, der es wagt auf eigene Faust an die Online-Abfrage von Datenbanken zu gehen, steht nicht hilflos und allein auf weiter Flur. Es gibt eine Reihe von Selbsthilfeorganisationen und Einrichtungen, die – unterstützt von der öffentlichen Hand – Erfahrungen an die Einsteiger weitergeben. Zu nennen sind etwa die in vielen Regionen gegründeten gemeinnützigen Arbeitskreise für Information (sog. AKIs), deren Ziel die Förderung des Informationswesens ist. In enger Zusammenarbeit mit den AKIs stehen die Online-Benutzergruppen (OLBG), die unter Initiative und Mithilfe der Deutschen Gesellschaft für Dokumentation (DGD), Frankfurt/Main, gegründet wurden (Adressen im Anhang, S. 168).

Datenbanken auf CD (CD-ROM) – Offline

Allgemein bekannt sind Compact Discs (CD) als Nachfolger der Schallplatten für die Musik-Wiedergabe. Die Handlichkeit und die enorme Speicherkapazität haben dazu geführt, daß die kleinen Kunststoffscheiben als CD-ROM in den letzten Jahren auch im Informatik-Bereich als Datenträger für Texte und Bilder immer mehr eingesetzt werden. ROM steht für Read Only Memory, d. h. die Daten oder Informationen können nur gelesen, aber nicht verändert oder überschrieben werden. Die CD-ROM (wie auch die Musik-CD) gehört zu den optischen Speichersystemen, bei denen die Speicher mittels Licht (Laserstrahl) abtastbar sind. Optische Speicher zeichnen sich durch ihre enorme Speicherdichte aus: Die CD-ROM vermag bis zu 550 Millionen

Daten aufzunehmen, was etwa der Textmenge von 950 Taschenbüchern mit je 200 Seiten entspricht.

Eine Besonderheit der CD-ROM liegt auch darin, daß auf ihr verschiedene Informationstypen (wie Bild, Ton, Text, Daten), die bisher auf verschiedenen Medien verteilt waren, integriert werden können. Dadurch ergeben sich ganz neue Anwendungsmöglichkeiten beispielsweise im Multimedia-Bereich. Die Datenbanken werden gekauft oder ähnlich wie eine Zeitschrift abonniert.

Zur Nutzung der CD-ROM braucht man ein spezielles Laufwerk. Dieses wird an einen PC angeschlossen; unter Verwendung von spezieller Software können dann die auf der CD gespeicherten Informationen auf dem Bildschirm dargestellt, in andere Anwendungsprogramme übernommen und auch ausgedruckt werden. Im Gegensatz zur Online-Datenbankabfrage besteht hier keine Verbindung zu einem entfernten Computer über Telefon- oder Datenleitung. Diese Form des Informationsabrufs bezeichnet man als „offline".

Als Vorteile der CD-ROM können genannt werden:
- Technische Infrastruktur
  Der Anwender ist unabhängig von externen Rechnern, er braucht keinen Anschluß über Datennetz oder Telefonleitung und keine Telekommunikations-Software.
- Zugang zu den Daten
  keine Verträge notwendig für Datex-Netz, Mailbox oder Host.
- Angebot
  Die meist kleinen Datenbanken sind auf die Bedürfnisse der Kunden zugeschnitten. Eine Aktualisierung ist möglich, multimediales Informationsspektrum.
- Recherchen
  Hier liegen die besonderen Vorteile der CD-ROM; bei der Arbeit am PC wird der Anwender durch übersichtliche Auswahlmöglichkeiten (Menüs) zum Ziel geführt; die Anlernzeit ist minimal, die Suchmöglichkeiten vielfältig; der Nutzer kann ohne Zeitdruck seine Recherche durchführen.
- Kosten
  Keine Telekommunikationskosten, fest kalkulierbare Kosten, im Vergleich mit Online-Abfrage Kostenvorteil mit zunehmender Nutzungsintensität.

Die Nachteile der mangelnden Aktualität einer CD-ROM gegenüber der Online-Datenbank werden durch periodische Aktualisierungen, z.T. im Abonnement, wenigstens teilweise ausgeglichen.

Wer selbst keinen PC und CD-ROM-Laufwerk hat, muß nicht auf die Vorteile der CD-ROM-Nutzung verzichten, da heute sehr viele wissenschaftliche und öffentliche Bibliotheken CD-ROMs, insbesondere für bibliographische Abfragen, einsetzen. Dabei fallen meist keine Kosten für den Nutzer an. Die Ergebnisse der Recherchen können bequem auf einem Drucker ausgegeben werden, damit entfällt die handschriftliche Zusammenstellung.

Mitte der 80er Jahre wurde die CD-ROM in Europa zum ersten Mal vorgestellt, die Entwicklung entsprach zunächst nicht ganz den Erwartungen, die von verschiedenen Seiten daran geknüpft waren. Erst in den letzten Jahren ist eine wahre Aufbruchstimmung zu verzeichnen, beeinflußt durch folgende positive Rahmenbedingungen:

- Die Preise für CD-ROM-Laufwerke sind drastisch gesunken (1986 noch etwa DM 10000, heute ab DM 300 zu haben).
- Auch die Produktion von CD-ROMs ist kostengünstig.

1992 hat der Absatz von CD-ROM-Laufwerken weltweit etwa die Zahl von 1,7 Millionen erreicht. Einige Marktforschungsinstitute rechnen für 1995 mit einem weltweiten Bestand von 11 Millionen CD-ROM-Laufwerken. Damit würde in Zukunft das CD-ROM-Laufwerk zur Standardausrüstung eines PCs neben dem Drucker gehören.

Die Zahl der CD-ROM-Titel ist in letzter Zeit stark angestiegen. Der augenblickliche Bestand wird weltweit auf etwa 3500 geschätzt. Das Angebot ist für den Interessenten und Nutzer nicht leicht zu überblicken, aber auch hier gibt es inzwischen Hilfen, so zum Beispiel das „Handbuch lieferbarer CD-ROMs“ vom Verlag Hoppenstedt & Co., Darmstadt.

Viele Online-Datenbanken (z.B. Bertelsmann Informations-Service, Deutsche Bibliothek), die meisten bewährten bibliographischen Datenbanken sind heute auch auf CD-ROM verfügbar.

Beim Vergleich von CD-ROM-Produkten mit Online-Datenbanken könnte man folgende Gruppierung vornehmen:

Produktgruppe 1: Produkte mit gleichen Themenbereichen wie Online-Datenbanken, die speziell gestaltet werden, nicht „online-fähige“ graphik- und bildorientierte Anwendungen.

Produktgruppe 2: „online-fähige“ Produkte, z. B. National Library of Medicine, American Psychological Association, aber Anbieter haben CD-ROM-Bereich gewählt.

Produktgruppe 3: „online-untypische“ Angebotssegmente, z. B. Computerspiele, Graphiken u. ä.

Beispiele: Adreß- und Telefonbücher, Verzeichnis lieferbarer Bücher, Gefahrstoffdatenbanken, aber auch die Luther-Bibel mit Suchfunktionen Buch, Kapitel, Vers.

Zu den häufigsten Fachgebieten des CD-ROM-Marktes gehören u. a.:
- Freizeit und Erholung
- Kunst und Geisteswissenschaften
- Computer und Computerprogramme
- Medizin, Gesundheitswesen und Krankenpflege
- Wissenschaft und Technologie
- Geschäfts- und Unternehmensinformationen
- Werbung, Design und Marketing
- Bankwesen, Finanzen und Wirtschaft
- Bildung, Training und Karriere

Eine Übersicht nach Datenbanktypen zeigt, daß die Volltextdatenbanken mit ziemlichem Abstand an der Spitze liegen vor Bild-, bibliographischen und Multimedia-Datenbanken.

Beispiel:
Der „Medline Knowledge Finder“ der US National Library of Medicine erlaubt Medizinern die Text-Recherche am Klinik-PC.

Multimedia-Discs kombinieren Ton, Videosequenzen mit Texten. Die CD-ROM der Firma McGraw-Hill Book Company Europe, Berkshire, enthält den gesamten Inhalt von Grzimeks fünfbändiger Enzyklopädie der Säugetiere mit mehr als 3500 Farbbildern, rund 500 Plänen, Auszügen aus dem BBC Film- und Tonarchiv sowie umfassende Bibliographie (Preis für Einzelplatzversion DM 1600).

Weitere Entwicklung beim Einsatz von EDV bei der Informationsbeschaffung

Dank weiterhin sinkender Preise im Bereich der Computertechnik (Hardware) wird die Verbreitung von Personalcomputern im privaten Bereich auch in Zukunft weiter zunehmen. Zur Ausrüstung des häuslichen Computers wird neben dem CD-ROM-Laufwerk auch der Anschluß via Modem an Online-Datenbanken gehören. Insgesamt wird damit privat und geschäftlich der Zugang zu gespeicherten Informationen erleichtert.

Speziell bei der CD-ROM ist die Entwicklung im Augenblick stürmisch, die Anbieter versuchen durch immer größere Konzentration auf Teilgebiete des Wissens genau die speziellen Kundenwünsche zu treffen. Der einzelne wird also in Zukunft wesentlich einfacher und bequemer Informationen über ihn interessierende Bereiche des Wissens in multi-medialer Form, d. h. anschaulich, erhalten.

Die Entwicklung bei den Online-Datenbanken wird weitergehen hin zu noch benutzerfreundlicheren Abfragesystemen, wobei die Möglichkeiten der Verknüpfung von Datenbanken sicherlich noch verstärkt wird. Insgesamt bleibt hier wohl eine stärkere Ausrichtung auf den professionellen Nutzer, der laufend über den Abschluß von Abonnements die Dienste der Online-Anbieter nutzt.

Derjenige, der selbst nicht die Ausrüstung zur Nutzung des Datenbankangebots hat, wird über die Einschaltung von Bibliotheken an die gewünschten Informationen kommen. Dort werden sicherlich noch verstärkt die modernen Möglichkeiten der Informationssuche zum Einsatz kommen.

Probleme der computergestützten Informationsbeschaffung

Computer können eine große Hilfe sein, wenn es darum geht, Informationen zu einem bestimmten Thema oder entsprechende Literatur darüber zu besorgen. Sie beseitigen aber natürlich die im 2. Kapitel dargestellten grundsätzlichen Probleme der Information nicht. Weitere Probleme, die sich aus der Verbreitung der EDV ergeben:

- Die „Hemmschwelle“, die breite Schichten der Bevölkerung schon von der intensiven Nutzung von Bibliotheken abhält, ist bei Computern noch höher. Das ständig größer werdende Angebot an Bildungs- und Informationsmöglichkeiten wird nur von einem Teil der Bürger genutzt. Von den entscheidenden Vorteilen profitieren somit vor allem jene, die noch in der Ausbildung stehen, oder die sich selbst um einen Zugang bemüht haben. Die Kluft zwischen „Wissenden“ und „Nichtwissenden“ wird immer größer. Dies gilt sowohl innerhalb der einzelnen Länder, in noch weit größerem Maße zwischen den Ländern und Kontinenten.
- Datenbanken verhelfen uns in kurzer Zeit zu langen Listen einschlägiger Literaturnachweise. Aber das „Haben“ in dieser Form bedeutet noch nicht, daß die entsprechenden Informationen auch geprüft, verstanden, gewichtet und geordnet sind. Für die Wissenschaftler, die Fachzeitschriften für die Datenbanken auswerten, stellt sich die Frage der Selektion: Sollen die Artikel kritisch bewertet und nur relevante, den wissenschaftlichen Ansprüchen standhaltende Publikationen aufgenommen oder soll möglichst Vollständigkeit angestrebt werden? Im ersten Fall können für einen Benutzer, der eine andere Fragestellung hat und andere Kriterien aufstellt, interessante Artikel durch die Maschen fallen; im zweiten Fall muß sich der Benutzer möglicherweise mit zahlreichen Publikationen intensiv auseinandersetzen, nur um festzustellen, daß sie der kritischen Beurteilung nicht genügen (vgl. auch S. 139f.).
- Die Distanz zwischen dem Produzenten einer Information und ihrem Empfänger wird noch größer. An noch mehr Zwischenstationen wird ausgewählt, umformuliert, zusammengefaßt – gleichzeitig erhöht sich die Abhängigkeit des Suchenden von den Übermittlern.
- Wenn wir uns ganz auf Datenbankrecherchen und Profildienste zu unseren engumschriebenen Fragestellungen beschränken, spezialisieren wir uns immer weiter und verlieren den

Kontakt mit Grenzbereichen und Nachbardisziplinen. Das Stöbern in Fachzeitschriften, Durchsuchen von Regalen in Handbibliotheken, Blättern in Nachschlagewerken ist zwar zeitaufwendig, aber auch anregend und kann uns Ideen liefern und Zusammenhänge aufdecken, die uns bei der systematischen Problemanalyse vor der Datenbankabfrage nicht bewußt waren.

- Angesichts der Bedeutung der Informationen für die moderne Gesellschaft steigt mit den Kosten und den Marktanteilen auch die Macht der Produzenten und Übermittler.
- Für Autoren stellt sich bei der elektronischen Übermittlung das Problem des Urheberrechts, da ganze Bücher einfach übernommen und neu ausgedruckt werden können.

Zusammenfassung

- Nur mit Hilfe von Computern und Datenbanken ist es noch möglich, einen Überblick über die weltweit erscheinende Fachliteratur, über Forschungsergebnisse, Statistiken usw. zu einem bestimmten Problembereich zu gewinnen.
- Die Informationen werden in Datenbanken aus allen Bereichen der Wissenschaften und der Wirtschaft gespeichert.
- Der Abruf erfolgt entweder über ein eigenes Datenendgerät, über einen Informationsvermittler oder über CD-ROM.
- Datenbankrecherchen sind vor allem bei Fragestellungen von großem Vorteil, bei denen möglichst Vollständigkeit erzielt werden muß. (Existiert ein Patent für eine solche Neuentwicklung? Welche Gesetzesentscheide gibt es zu diesem Fall? Welche Untersuchungen wurden zu diesem Problem schon durchgeführt?)
- Der Abruf aus Datenbanken stellt eine wichtige Hilfe und Ergänzung bei der Informationssuche dar, sollte aber nicht die einzige Informationsquelle sein.

C. Andere Quellen

Kurse, Lehrgänge

> Herr und Frau Weber überlegen sich, wie sie Informationen über die geplante Reise beschaffen wollen. Als erstes schreiben sie an das kanadische Konsulat und verlangen Unterlagen über Einwanderungsbestimmungen. Sie belegen einen Volkshochschul-Kurs über „Geschichte und Gegenwart Kanadas", gehen beim Reisebüro vorbei, beschaffen Bücher.

> Herr Schuhmacher will die ihm fehlenden beruflichen Kenntnisse in einem Lehrgang erarbeiten. Da er sich zeitlich nicht zu sehr binden will, entschließt er sich für einen Fernkurs; er arbeitet die Lehrhefte zuhause durch, schickt die gelösten Aufgaben zur Korrektur ein und nimmt in regelmäßigen Abständen an Übungskursen teil, bei denen er auch alle auftauchenden Fragen besprechen kann.

Auf die Vor- und Nachteile von Kursen und Seminaren im Vergleich zu schriftlichen Unterlagen wurde bereits eingegangen (s. S. 73). Für die erste Auseinandersetzung, den systematischen Einstieg in ein neues Gebiet sind Kurse oft besser geeignet als Bücher, weil die Dozenten auf die Voraussetzungen der Teilnehmer eingehen, Fremdwörter erklären, zusätzliche Beispiele bringen und Fragen beantworten können.

Das Angebot an Kursen und Lehrgängen ist groß; zahlreiche öffentliche und private Schulen und Institute drucken meist zweimal jährlich neue Verzeichnisse: An den Universitäten sind manche Kurse allgemein zugänglich, die Volkshochschulen bieten auch in kleineren Städten meist ein reichhaltiges Programm, viele andere Schulen, Clubs und Seminare vermitteln Informationen und Weiterbildung auf den verschiedensten Gebieten. Neben den allgemein bekannten und etablierten Einrichtungen gibt es zudem eine ständig wachsende Zahl selbstorganisierter Lerngruppen.

Ist in einem Bereich, der uns besonders interessiert, kein Angebot vorhanden, können wir einem Institut oder einer Schule auch einen entsprechenden Vorschlag machen; auf solche Initiativen wird natürlich dann am ehesten eingegangen, wenn wir gleich noch einige andere Interessenten benennen können.

Frau Schiffbauer möchte ihre französischen Sprachkenntnisse verbessern. In vielen Zeitschriften fallen ihr die Inserate auf, die ein müheloses Lernen und phantastische Erfolge mit „Superlearning" versprechen. Da sie den Werbesprüchen nicht so ganz traut, wendet sie sich an die „Aktion Bildungsinformation" in Stuttgart mit der Frage, wie diese Lernform einzuschätzen sei. Die Verbraucherorganisation teilt ihr mit, daß die vom bulgarischen Arzt Professor Lozanov entwickelte „Suggestopädie" charakterisiert sei durch ein Lernen in entspanntem Zustand, mit beruhigender Hintergrundmusik, in freundlich eingerichteten Räumen und durch aufgelockerte Lernatmosphäre (Spielszenen, Rollenspiele). Wichtig sei vor allem die Leitung durch fachlich und pädagogisch qualifizierte Lehrer. Die Wirkung und der Lernerfolg hänge auch von Temperament und Persönlichkeit des Lernenden ab. Frau Schiffbauer erhält auch eine Liste von Schulen, die Fremdsprachen mit der Superlearning-Methode vermitteln.

Gerade weil das Angebot so breit ist, ist eine kritische Prüfung notwendig. Nicht jedes Institut, das „Lernen im Schlaf" oder phantastische Lerngewinne ohne Mühe und Pauken verspricht, ist seriös. Wichtig ist auch der eigene Lernstil. Manche Erwachsene lernen am liebsten unabhängig, andere schätzen intensive Gruppendiskussionen oder spielerische Übungen. Vor der Anmeldung sind folgende Fragen abzuklären:

Bei Fernkurs-Lehrgängen:
- Wird der Abschluß anerkannt?
- Welche Vorkenntnisse sind Voraussetzungen?
- Welche Kündigungsfristen gelten? Günstig sind möglichst kurze, zum Beispiel vierteljährliche Kündigungsfristen.

Bei Direktunterricht:

- Welche Unterrichtsmethoden kommen zur Anwendung?
- Wieviele Teilnehmer sind in einem Kurs?
- Ist eine kostenlose Probeteilnahme am Unterricht möglich?
- Welche Kosten (zum Beispiel für Lernmaterial) fallen außer dem Kursgeld an?
- Kann das Lernmaterial vorher geprüft werden?

Im Zweifelsfall erkundigen wir uns besser vorher bei einer neutralen Stelle, bevor wir teures Lehrgeld bezahlen. Vor allem ist dies natürlich vor Lehrgängen, die sich über mehrere Jahre erstrecken, zu empfehlen.

Bundesämter, Gemeinde- und Stadtverwaltungen sowie Kultusministerien geben oft Verzeichnisse von Weiterbildungsinstitutionen heraus. Bildungsinformationsstellen oder Berufsberatungsstellen erteilen Auskünfte über Kurse, Fernschulen, Direktlehrinstitute und Sprachreiseveranstalter und beraten in Fragen der beruflichen und persönlichen Weiterbildungsmöglichkeiten.

Vorträge, Kongresse

Kongresse, Tagungen, Fachvorträge und Messen helfen uns, in unserem Fach, unseren Interessengebieten auf dem laufenden zu bleiben, uns über neue Entwicklungen zu orientieren, Anregungen zu gewinnen. Übersichten und Ankündigungen finden wir in Fachzeitschriften, durch Fachverbände, oft auch in der allgemeinen Presse, auf spezielle Anfragen, indem wir uns auf entsprechende Adressenlisten aufnehmen lassen.

Anregend sind nicht nur die in den Vorträgen vermittelten Informationen, sondern auch die Diskussionen, die Kontakte mit Forschern, Dozenten und anderen am Thema Interessierten. Abgegebene Unterlagen, Prospekte, Literaturhinweise geben Anstöße für die weitere Suche.

In vielen Fällen ist es sinnvoll, sich direkt an die Fachleute zu wenden statt zu versuchen, Informationen aus zweiter oder dritter Hand zu gewinnen.

In einer Fernsehsendung wird berichtet, daß im Ausland (zum Beispiel in Holland und Belgien) produziertes Gemüse zum Teil radioaktiv bestrahlt wird, während dies in der Bundesrepublik nicht erlaubt sei. Beunruhigt über damit möglicherweise verbundene Gefahren wendet sich Frau Roth an den Wissenschaftsladen in Bonn mit der Bitte um genauere Informationen. Nach einiger Zeit erhält sie einige Literaturhinweise sowie eine ausführliche Zusammenfassung der Forschungsergebnisse über den Einfluß der Bestrahlung auf die Qualität der Lebensmittel (Zerstörung von wichtigen Vitaminen) und den Hinweis, daß die Einfuhr bestrahlter Lebensmittel in die Bundesrepublik untersagt ist.

Von den psychologischen Schranken, die den Normalverbraucher am systematischen Gebrauch von Bibliotheken und Bibliographien hindern, war schon die Rede. Während Studenten der Zugang zu Wissenschaft und Forschung, die Nutzung der an den Universitäten vorhandenen Informationsmöglichkeiten wie auch von Archiven und Datenbanken offensteht, ist es für Außenstehende oft schwierig, an die gesuchten Informationen zu kommen.

Die Idee, in „Wissenschaftsläden" Forschungsergebnisse der Hochschulen allgemein zugänglich zu machen, stammt aus den Niederlanden. Der erste „Wetenschapswinkel" wurde 1977 von einer Gruppe Freiwilliger an der Amsterdamer Universität gegründet; innerhalb weniger Jahre folgten weitere in verschiedenen Städten der Niederlande. Sie werden dort staatlich gefördert als Zeichen einer gesetzlich verankerten „gesellschaftlichen Verantwortung der Wissenschaft".

In Deutschland und Österreich wird die Zahl auf etwa 25 geschätzt (zum Beispiel in Berlin, Bonn, Bremen, Dortmund, Duisburg, Essen, Frankfurt, Gießen, Göttingen, Hamburg, Kassel, München, Passau, Tübingen, Linz, Innsbruck und Graz).

Die Läden sind voneinander unabhängig und unterschiedlich organisiert und ausgestattet. Sie kooperieren zum großen Teil in der Arbeitsgemeinschaft der Wissenschaftsläden (AWILA) miteinander.

Gemeinsam ist allen Wissenschaftsläden „die Idee, eine Brücke zwischen Wissenschaft und ratsuchenden Bürgern und Bürgerinnen zu schlagen. Ziel ist dabei, die oft lebensfremde Wissenschaft für Alltagsprobleme und vernachlässigte gesellschaftliche Fragen zu öffnen.

Der Zugang zur Wissenschaft soll gerade denjenigen Gruppen, Einrichtungen und engagierten Einzelpersonen eröffnet werden, die sich wissenschaftliche Dienste und Forschungsergebnisse nicht selbst erschließen bzw. leisten können. Darüber hinaus versuchen die Wissenschaftsläden auch durch Bildungs- und Untersuchungsprojekte ihren Teil praktischer Verantwortung für die Probleme wahrzunehmen, die sich aus dem Spannungsfeld zwischen Wissenschaft und Gesellschaft ergeben" (aus dem Prospekt des Wissenschaftsladens Bonn).

Das Schwergewicht der meisten Wissenschaftsläden liegt im naturwissenschaftlichen Bereich, aber auch sozialwissenschaftliche und juristische Fragestellungen kommen vor. Ein Hauptanliegen der Kunden sind Umweltschutz, Umweltbelastungen und damit verbundene Gesundheitsschädigungen: Ist das Gemüse aus meinem Garten noch genießbar? Welche Wirkungen hat dieses Holzschutzmittel? Wie hoch ist der Nitratgehalt in unserem Gartenteich? Welche Energiesparlampen sind empfehlenswert? Welche Bestandteile in Textilien haben allergene Wirkungen? Die Hilfe des Wissenschaftsladens kann wie im erwähnten Beispiel in der Auswertung von Literatur, in der Einrichtung einer Arbeitsgruppe zur Untersuchung des Problems oder in der Vermittlung von Kontakten zu Fachleuten in universitären und freien Forschungseinrichtungen bestehen. Weitere Leistungen können die Anleitung zur Selbsthilfe (Wie können Schadstoffbelastungen selbst gemessen werden?) oder die Beratung und wissenschaftliche Unterstützung bei der Durchsetzung der Interessen von Anwohnern und Bürgerinitiativen (zum Beispiel bei geplanten Bauvorhaben oder Umweltzerstörungen), Veröffentlichung und Herausgabe von allgemeinverständlichen Ratgebern und Informationsbroschüren sein.

Dokumentations- und Auskunftsstellen

In jeder größeren Stadt gibt es zahlreiche Auskunfts- und Beratungsstellen für die verschiedensten Fragen und Probleme (Rechtsberatung, Lebensmittelkontrolle, Suchtberatung, Konsumentenschutz) und für verschiedene Bevölkerungsgruppen (Ausländer, Arbeitslose, Behinderte, Mütter, Obdachlose, Senioren). Sie können nützliche Informationen liefern oder durch Vermittlung von Adressen oder Unterlagen weiterhelfen.

In Verwaltungen und großen Organisationen gibt es speziell mit Beratung, Auskunft und Öffentlichkeitsarbeit beauftragte Personen. Oft braucht es eine gewisse Hartnäckigkeit, bis wir uns zur richtigen Stelle durchgefragt haben. Diese Hartnäckigkeit lohnt sich aber, wenn wir dafür korrekte Antworten erhalten und eine kompetente Auskunftsperson in wenigen Minuten alle wichtigen Punkte zusammenfaßt, die wir uns nur in stundenlangem Ringen mit umfangreichen Aktenstücken und Berichten aneignen könnten.

Vor einer größeren Anschaffung benötigen Konsumenten möglichst umfassende und sachliche Informationen über die Produkte (Angebot, Qualität, Kosten, Umweltbelastung und anderes mehr), was nicht immer einfach ist. Die Werbung versucht mit großem Aufwand von den Vorzügen des eigenen Produktes zu überzeugen – über die Nachteile und Einschränkungen muß sich der Konsument selbst mühevoll orientieren. Die meisten Käufer verlassen sich dennoch vor allem auf Werbeinformationen, eigene Erfahrungen mit den Produktmarken sowie Diskussionen mit Freunden. Am ehesten sind objektive, nicht interessengebundene Informationen von den Verbraucherverbänden zu erwarten, die die verschiedenen Produkte prüfen. In der Bundesrepublik sind vor allem die Untersuchungen und Veröffentlichungen der Stiftung Warentest zu nennen. Die Ergebnisse der Verbraucherverbände werden aber von vielen Konsumenten weniger wichtig genommen als beispielsweise der Rat von Freunden. Nach einer amerikanischen Untersuchung spielen dabei Bildung, Alter und Beruf des Konsumenten eine wichtige Rolle: Je höher die Bildung und berufliche Stellung, desto gezielter war das Informationsverhalten vor größeren Anschaffungen.

Berufsverbände, öffentliche und private Institutionen haben in der Regel gut ausgebaute Dokumentationsdienste, die auf Anfrage auch Außenstehenden zugänglich gemacht werden. Ihr Arbeitsschwerpunkt liegt im Gegensatz zu den Bibliotheken nicht in der Ausleihe, sondern im Nachweis von Literatur (Bücher, Zeitschriftenartikel). Neuzeitliche Hilfsmittel sind Datenbanken (vgl. S. 100ff.), wobei sich eine präzise Fragestellung besonders bewährt. Dokumentationsdienste erteilen Auskünfte, führen Auftragsrecherchen durch und geben Verzeichnisse (Bibliographien, Referateblätter etc.) heraus.

Radio und Fernsehen

Im zweiten Kapitel (S. 25) wurde ausführlich auf die Problematik der Informationsvermittlung durch Radio und Fernsehen eingegangen. Sie liegt vor allem darin, daß wir die Programmauswahl oft dem Zufall überlassen und die Informationen nur oberflächlich und zusammenhanglos aufnehmen.

Natürlich können wir die Massenmedien zur Unterhaltung nutzen. Wir können aber auch von den Informationen und Hinweisen, die uns von Kamerateams und Fachleuten aus aller Welt geliefert werden, von Dokumentations- oder Wissenschaftssendungen, von Literaturbeiträgen und Fernkursen profitieren. Da alle diese Themen im Fernsehen meist nur angetippt werden, müssen wir selbst für deren Ergänzung, Vertiefung und Verankerung sorgen. Die besten Voraussetzungen dafür schaffen wir durch folgendes Verhalten:

- Wir prüfen zu Beginn der Woche, welche Sendungen uns wichtige Informationen versprechen und reservieren uns die entsprechenden Zeiten.
- Wir bereiten uns auf die Sendungen vor, indem wir uns vorher schon mit dem Thema befassen, zum Beispiel im Lexikon die angekündigten Bereiche nachschlagen, Fremdwörter prüfen

oder einschlägige Zeitschriftenartikel oder Buchkapitel nochmals durchlesen.

- Wir halten Notizpapier und Schreibzeug bereit, um Informationen, die uns besonders wichtig oder neu erscheinen, zu notieren, ebenso Fragen, denen wir nachgehen wollen, Literaturhinweise oder Adressen, wo Unterlagen angefordert werden können.
- Wir schalten nach Schluß der Informationssendung ab und setzen uns nochmals mit dem Inhalt auseinander. Offene Fragen ergänzen wir durch gezielte Lektüre.

Wer die Wahl hat ...

> Reaktorunfall in Tschernobyl – die radioaktiven Strahlen ziehen nach Westen, in der Bundesrepublik werden erhöhte Luft- und vor allem Bodenwerte gemessen. Fernseh-, Zeitungs- und Radionachrichten widersprechen sich, an vielen Orten wird vor dem Genuß von Frischmilch und Freilandgemüse, vor dem Spielen auf Sandplätzen und dem Liegen im Gras gewarnt, während an andern beteuert wird, daß keine besonderen Maßnahmen erforderlich seien. Wie informiert sich die beunruhigte Bevölkerung? Manche hören ständig Nachrichten und prüfen Zeitungen auf genaue Hinweise, viele beraten sich vor allem im Familien- und Bekanntenkreis, andere versuchen, Informationen über die dafür eingerichteten Bürgertelefone zu erhalten; eine große Zahl schaltet trotzig ab und will gar nichts wissen, und nicht wenige sind von den widersprüchlichen Informationen so irritiert, daß sie keinem mehr glauben und sich selbst einen Geigerzähler kaufen wollen – doch sind diese längst restlos ausverkauft.
>
> Welches Verhalten ist sinnvoll, welches verspricht die zuverlässigsten Informationen? Alle Probleme der Informationsvermittlung, -bewertung und des Informationsverhaltens werden in diesen Tagen überdeutlich.

Die Liste der hier beschriebenen Informationsquellen kann nicht vollständig sein. Je nach Interesse, Fragestellung, persönlicher Erfahrung sind andere Suchwege, Quellen und Verarbeitungsmethoden erforderlich oder empfehlenswert.

Für viele Bereiche gibt es nicht nur eine optimale Informationsquelle; viele Faktoren, von persönlichen Vorlieben, Lerntypus, Vorbildung bis zur Erreichbarkeit der Quellen können eine Rolle spielen.

Zur Prüfung der hier angegebenen Quellen empfiehlt es sich, zu dem auf S. 66 abgedruckten Fragebogen zurückzukehren; ausgehend von den eigenen Informationszielen können wir uns folgende Fragen stellen:

- Welche der vielen Informationsquellen entsprechen am besten meinen Zielen, Absichten und Lerngewohnheiten?
- Sind die bisher benutzten Quellen optimal (oder vielleicht nur bequem)?
- Welche zusätzlichen Quellen will ich nutzen?
- Von welchen Auskünften kann ich mich selbst überzeugen, wo sind die Informationen direkt erhältlich, müssen keine Umwege, Zwischenstationen eingeschaltet werden?

Alle in diesem Buch aufgeführten Suchfragen und Quellen stellen nur Beispiele dar und sollen vor allem dazu anregen, sich selbst mit seinen Informationsproblemen auseinanderzusetzen und für sich zu entscheiden, welches Vorgehen im Einzelfall angemessen und erfolgversprechend ist.

3. Gewußt wie

A. Gezielt auswählen

Am rationellsten wäre es, wenn wir von Anfang an nur jene Informationen beschaffen und zusammentragen würden, die wir wirklich brauchen. Dies läßt sich jedoch nicht bewerkstelligen. Ob wir Fachzeitschriften sammeln, Bücher ausleihen oder Datenbanken abfragen, immer werden wir wesentlich mehr Informationen erhalten, als wir benötigen. Wenn wir die Stapel der gesuchten und ungefragt eingetroffenen Unterlagen, Notizen, Bücher und ungelesener Druckschriften aller Art nicht einfach auf unserem Schreibtisch aufhäufen wollen, müssen wir daraus gezielt auswählen, ordnen und zum späteren Gebrauch vorbereiten.

Bewältigen läßt sich die Informationsflut nur, wenn wir uns nicht planlos in die Lektüre verbeissen.

Am besten entscheiden wir gleich beim Sortieren der Post, beim Eintreffen von Dokumentationen, Artikeln und Prospekten, was wir wegwerfen wollen, und legen dies sofort zum Altpapier. Bewahren wir überflüssige Unterlagen, Druckschriften, Angebote usw. zunächst auf, sammeln sie sich schnell zu unübersichtlichen Stapeln, und wir müssen sie später nochmals durchsehen und entscheiden, ob und wie sie weiter verwendet werden sollen. In der Regel ist es einfacher, selten gebrauchte Unterlagen bei Bedarf ein zweites Mal zu beschaffen, als ständig Zeit mit Unwichtigem zu verlieren.

Was für die Unterlagen insgesamt gilt, gilt auch für die einzelnen Bücher, Zeitschriften und Zeitungen: Wir wollen uns nicht darin verlieren, sondern nur jene Abschnitte, Berichte und Kapitel lesen, die für uns wichtig sind. Deshalb gliedern wir den Lesestoff, wählen die Bücher, die Texte, die Teilbereiche sorgfältig aus und planen die Lektüre, um im richtigen Zeitpunkt gezielt zu lesen.

Kindern wird beigebracht, nicht nur sauber aufzuessen, sondern auch Bücher von der ersten bis zur letzten Seite durchzubuchstabieren. Diese Einstellung führt dazu, daß auch viele Erwachsene glauben, es sei gewissermaßen eine moralische Pflicht gegenüber dem Autor, Bücher vollständig zu lesen – und lieber ganz die Finger davon lassen. Fachbücher sind jedoch in erster Linie zum Drinblättern, Auswählen und zum Nachschlagen da. Natürlich bedingt das gezielte Lesen, daß wir die Bücher kaufen, auf die wir immer wieder zurückgreifen wollen, und wissen, was darin zu finden ist. Es setzt außerdem ein Notiz- und Speichersystem voraus, das gewährleistet, daß die Informationen abgerufen werden können, wenn sie wirklich benötigt werden. Hilfreich ist in vielen Fällen eine Übersicht für die eigenen Unterlagen (vgl. S. 147).

B. Kritisch bewerten

> Ein beliebtes Spiel an Kindergeburtstagen ist „Stille Post". Die Mitspieler sitzen im Kreis; ein Kind denkt sich ein langes Wort, einen Ausdruck, einen Satz aus und flüstert ihn seinem Nachbarn ins Ohr. Dieser gibt seinem Nachbarn durch Flüstern weiter, was er verstanden hat – und so weiter, bis die „Post" wieder beim „Sender" angekommen ist und dieser unter viel Gelächter bekannt gibt, was er ursprünglich sagte und welche Botschaft sich schließlich daraus ergab.

Gerüchte entstehen schnell – aufrechterhalten werden sie vor allem dort, wo keine Möglichkeit besteht, ihren Wahrheitsgehalt zu überprüfen. Wo Pressezensur herrscht, wo von interessierten Kreisen versucht wird, unbequeme Nachrichten zu unterdrükken, gedeihen Spekulationen, Vermutungen, Übertreibungen.

Auf den langen Weg der Informationen von ihrer Entstehung bis zu unserer Speicherung wurde im ersten Teil des Buches (S. 25 ff.) ausführlich eingegangen. An jeder Station dieses Weges wird zusammengefaßt, interpretiert, persönliche Wünsche, Hoffnungen und Ängste können mit einfließen und zur Verzerrung, Verstümmelung, Ausschmückung oder Unterdrückung der Information führen. Die kritische Beurteilung aller Informationen umfaßt deshalb die Kenntnis dieser Probleme und die Abwägung und Prüfung vor diesem Hintergrund.

Wichtig ist letztlich die Erkenntnis, daß objektive Information zwar nicht möglich ist, wir sie aber dennoch anstreben sollten. Durch genaue Überprüfung von Sachverhalten und Quellen, durch Berücksichtigung verschiedener Meinungen können wir ihr zumindest näherkommen.

Die erste und wichtigste Maßnahme zur Orientierung besteht sicher in der Wahl der Quellen. Bei kritischer Bewertung werden wir gewisse Quellen ausschließen oder nur nach Nachprüfen in anderen Quellen berücksichtigen. Die Gegenüberstellung und Entscheidung ist oft erst später möglich.

Wir können versuchen, die Informationen möglichst direkt zu erfassen und uns in wichtigen Fragen nicht auf Gerüchte, Hörensagen, Interpretationen und Zusammenfassungen anderer zu verlassen. Dies bedeutet, daß wir bei wissenschaftlichen Fragestellungen möglichst die Originalarbeiten, bei gesetzlichen Bestimmungen den Wortlaut prüfen und uns auch bei eigenen Beobachtungen der Grenzen unserer Wahrnehmungsfähigkeit bewußt bleiben.

> *„Die glorreichen Bemühungen, die wir heute Wissenschaft nennen, sind aus dem Dunkel der Zauberei, religiöser Rituale und des Kochens entstanden. Aber während Hexen, Priester und Küchenmeister nur immer größere Hüte entwickelten, arbeiteten die Wissenschaftler eine Methode aus, um die Glaubwürdigkeit ihrer experimentellen Ergebnisse zu prüfen. Sie lernten zu fragen: Sind die Experimente wiederholbar? Würde also jeder mit dem gleichen Material und derselben Methode auch die gleichen Resultate erhalten?“ (H. Scherr, 1986, S. IX)*

Mit diesen ironischen Bemerkungen leitet der Herausgeber das seit vielen Jahren in Amerika erscheinende „Journal der Unwiederholbaren Experimente“ ein, das – von angesehenen Wissenschaftlern geschrieben – Inhalt und Darstellungsweise wissenschaftlicher Artikel parodiert. Während Außenstehende oft großen Respekt gegenüber „der Wissenschaft“ zeigen, ist „Eingeweihten“ völlig klar, daß Skepsis auch hier angebracht ist. Längst nicht alles, was unter wissenschaftlichem Namen und mit entsprechenden Formulierungen veröffentlicht wird, entspricht dem hohen Ansehen. Auch Fachartikeln muß deshalb mit Distanz gegenübergetreten werden; Aussagen müssen kritisch abgewogen, Formulierungen auf ihr Gehalt überprüft werden.

Wenn wir uns neu in ein Gebiet einarbeiten, fällt uns die kritische Prüfung oft schwer. Wir können noch nicht abschätzen, welche Erkenntnisse zum gesicherten Allgemeinwissen gehören, welche Autoren anerkannte Fachleute sind, und lassen uns leicht von Behauptungen oder gekonnten Formulierungen beeindrukken, die wir bei einem besseren Kenntnisstand als unhaltbar, banal oder ungenau einstufen können.

Wichtig ist deshalb, daß wir uns zuerst um einen Überblick, um ein Verständnis für die großen Zusammenhänge bemühen und nicht von Einzelheiten ausgehen, deren Aneinanderreihung zu einem völlig falschen Bild führen kann. Informationen sind immer nur einzelne Bausteine, Mosaiksteinchen. Zu einem stabilen Gebäude, zu einem Bild werden sie erst, wenn sie einander gegenseitig stützen und ergänzen, wenn es keine isolierten Bruchstücke sind, sondern sie sich auf ein sicheres Fundament, in einen gesicherten Rahmen einfügen lassen.

In der Regel ist es beim Beschaffen der Bücher und Texte nicht möglich, bereits klar zu bestimmen, welche Kapitel und Abschnitte für uns von Interesse sind. Es empfiehlt sich deshalb, in mehreren Durchgängen zu arbeiten (vgl. auch S. 74):

- Im ersten Durchgang prüfen wir das Inhaltsverzeichnis, blättern durch das Buch oder einzelne Kapitel, prüfen Stil und Ansatz und entscheiden, ob sich eine intensivere Lektüre lohnt.
- Im zweiten Durchgang überfliegen wir die gewählten Kapitel und Abschnitte, markieren die Stellen, die uns wichtig erscheinen oder fügen Zettel ein, wo wir uns vertiefen wollen.
- Erst im dritten Durchgang, und nur dort, wo es sich lohnt und die Inhalte mit unseren eigenen Lesezielen übereinstimmen, lesen wir konzentriert und systematisch.

Ironisch gemeinte „Ratgeber" helfen angehenden Wissenschaftlern, aus einem mißlungenen Experiment, nichtssagenden oder unvollständigen Daten durch geschickte Formulierungen doch noch eine beeindruckende Arbeit zu schreiben. Sie zeigen gleichzeitig, wie bestimmte Redewendungen verstanden werden können:

Sachverhalt	*Formulierung*
Ich habe es irgendwo gelesen, weiß aber nicht mehr wo.	Es ist seit langem bekannt.
Sachverhalt Ich verstehe es nicht.	*Formulierung* Weitere Forschungen sind erforderlich, um die Zusammenhänge zu erhellen.
Sachverhalt Weil die ursprünglichen Daten nicht das erwartete Ergebnis brachten, warfen wir so lange Daten raus, bis wir die Antwort hatten, die wir wollten.	*Formulierung* Vorläufige Abschätzungen ergaben falsche Vorzeichen für einige Phasen der Struktur. Jedoch legte eine eingehende Prüfung der Meßwerte die Vermutung nahe, daß aller Wahrscheinlichkeit nach einige aus einem anderen Datensatz stammten. Nach der Aussonderung dieser Daten erhielten wir in sich konsistente und statistisch signifikante Schätzungen.
Sachverhalt Als ich mit dieser Untersuchung begann, vergaß ich, Steuerbelastung und Inflation in die Analyse einzubeziehen. Im nachhinein ist es offensichtlich, daß eine Analyse des Problems ohne diese Variablen nutzlos ist.	*Formulierung* Steuerbelastung und Inflation sind zwei wichtige Variablen, die in einer vollständigen Analyse des Problems in Betracht gezogen werden müssen. Der Einschluß dieser zwei Variablen in die Analyse hätte jedoch die Grenzen der beabsichtigten Untersuchung weit überschritten.

(Roger E. Soles, 1986, S. 152)

Die kritische Prüfung von Artikeln und Büchern schließt folgende Fragen ein:

- Welches Ziel verfolge ich mit dem Lesen dieses Werkes?
- Habe ich schon etwas von diesem Autor, über dieses Thema gelesen?
- Hat der Autor den berichteten Sachverhalt selbst gesehen, untersucht, erlebt?

Wenn ja:
- Reicht die Beobachtungszeit, beziehungsweise -methode aus, um zu den entsprechenden Schlußfolgerungen zu kommen?
- Hat er sich ein umfassendes Bild machen können oder hat er nur einen Teilaspekt gesehen?
- Ist das Experiment wiederholbar, sind die Aussagen nachprüfbar, sind alle relevanten Faktoren genannt und berücksichtigt worden?
- Welche und wieviele Gruppen sind untersucht oder beobachtet worden? Lassen sich von diesen Rückschlüsse auf andere ziehen oder sind die Aussagen nicht zu verallgemeinern?
- Hat er alle wichtigen Faktoren berücksichtigt oder wesentliche außer acht gelassen?

Wenn nein:
- Gibt er die Quellen an, die er benutzt hat?
- Wie intensiv hat er sich mit dem Thema auseinandergesetzt, wie kompetent ist er?
- Ist er auf einen Teilbereich spezialisiert oder überblickt er das ganze beschriebene Gebiet?
- Welche Einstellungen, Motive läßt er erkennen? Will er möglichst objektiv informieren oder bestimmte Wirkungen erzielen?
- Denkt er einseitig, eindimensional, hat er den beschriebenen Sachverhalt aus dem Zusammenhang gerissen, oder berücksichtigt er das Zusammenwirken aller wichtigen Größen, die Auswirkungen auf das gesamte System?

Sinnvoll ist es natürlich, diese Fragen so weit wie möglich vor der Lektüre zu beantworten, um keine Zeit mit unbefriedigenden Texten zu verlieren. Bei Büchern geben *Umschlagklappen* oder die *Buchrückseite* meist eine erste Zusammenfassung des Inhalts, oft auch Hinweise auf den Autor, seine berufliche Tätigkeit und seine bisherigen Publikationen. Daraus lassen sich Rückschlüsse auf seine fachliche Kompetenz und seine Sichtweise ziehen.

Der nächste Blick gilt in der Regel dem *Erscheinungsdatum* und der *Auflage*. Die Auflage zeigt bei älteren Büchern, wie gut sie auf dem Markt angekommen sind; bei Neuauflagen ist zu prüfen, ob sie in den letzten Jahren überarbeitet und auf den neuesten Stand gebracht oder unverändert nachgedruckt worden sind.

Das *Inhaltsverzeichnis* zeigt uns, wie das Thema aufgebaut und dargestellt ist, welcher Raum den einzelnen Bereichen zugemessen wurde. Das *Literaturverzeichnis* beantwortet die Frage nach den benutzten Quellen, ein *Register* gibt einen Überblick über die behandelten Gebiete und Schlagwörter.

Wichtige Hinweise ergeben sich oft aus dem *Vorwort* oder der Einleitung: Der Autor erläutert die Vorgeschichte des Buches, wie er zu seiner Fragestellung kam, seine spezielle Betrachtungsweise, wie sich sein Buch von ähnlichen Werken unterscheidet, aus welchen Gründen Einschränkungen vorgenommen wurden, wem er wichtige Gedanken und Hilfe zu verdanken hat.

Auch das *Schlußwort*, der *Ausblick* können Informationen liefern, die vor der Lektüre zur Abgrenzung des Themas von Interesse sind: welche Fragen ungeklärt blieben oder ausgeklammert werden mußten, welche weiteren Arbeiten geplant oder erforderlich sind.

Bei Artikel wie bei Büchern empfiehlt es sich zudem, die *Titel, Untertitel* und *Zusammenfassungen* vorab zu prüfen und einzelne Abschnitte zu lesen, um festzustellen, ob Aufbau, Stil, Formulierungen und Darstellungsweise den eigenen Leseabsichten entsprechen.

C. Speichern und Verarbeiten

Zwei Hausfrauen kaufen im Supermarkt ein. Frau Bauer hat es eilig; sie muß noch ihre Großeinkäufe fürs Wochenende tätigen und weiß nur, daß etliche Vorräte zur Neige gehen. Hastig schiebt sie ihren Wagen durch die Regale und läßt sich von der Lautsprecherstimme („Greifen

Sie zu, heute besonders günstig ...") und den bunten Plakaten mit den Sonderangeboten leiten. „Das kann man immer gebrauchen, und das hatten wir schon lange nicht mehr", denkt sie. Bald türmen sich die Waren in ihrem Wagen. Nach Ladenschluß zuhause blättert sie im Kochbuch und stellt verärgert fest, daß ihr zu allem, was sie kochen will, wichtige Zutaten fehlen.

Frau Kaufmann führt in ihrer Küche zwei Listen. In die eine trägt sie jeweils ein, welche Vorräte (Mehl, Kartoffeln, Marmelade) zur Neige gehen, was sie beim nächsten Großeinkauf mitbringen will. Auf der anderen Liste notiert sie – nachdem sie sich den Speiseplan überlegt hat –, was sie für den jeweiligen Tag braucht (Milch, Obst, Gemüse). Wenn sie zum Supermarkt fährt, nimmt sie beide Listen mit und läßt sich von den Supersonderangeboten nicht ablenken.

Informationen sind wie in einem Supermarkt zu haben. Wir können wahllos jene konsumieren, die uns aufgedrängt werden, in die Augen springen, oder aber von unseren Zielen und Absichten ausgehen. Dies gilt beim Suchen und Sammeln ebenso wie beim Speichern und Verarbeiten.

Nur ein kleiner Teil dessen, was wir täglich hören, lesen, wahrnehmen, wird behalten (vgl. Abschnitt S. 46). Durch eine gezielte Auswahl und sinnvolle Lernmethoden können wir den Anteil an wichtigen Informationen erhöhen.

Sehr viele Informationen brauchen wir aber nicht sofort, sondern wollen zu einem späteren Zeitpunkt darauf zurückgreifen können. Wichtig ist deshalb, daß wir über ein gutes Speichersystem verfügen, in das wir die Informationen einordnen und dem wir sie bei Bedarf ohne großen Zeitaufwand wieder entnehmen können.

Es gibt eigentlich nur zwei Typen im Umgang mit gedruckten Informationen: „Wegwerfer", die erhaltene und erstellte Unterlagen möglichst schnell wieder loswerden, und „Sammler", die möglichst viel aufbewahren. Sie werden sich nie verstehen, obwohl jeder Wegwerfer mit einer Sammlerin verheiratet zu sein scheint, jeder Sammler dagegen von wegwerfenden Arbeitskolleginnen umzingelt. Während die Wegwerfer ihre leeren Tische und übersichtlichen Schränke preisen und den Sammlern ihre

Stapel ohne System vorwerfen, ärgern sich die Sammler, daß wieder unersetzliche Notizen, Zeitungsausschnitte oder Vervielfältigungen der letzten Aufräumaktion der Wegwerfer zum Opfer gefallen sind, und weisen triumphierend Unterlagen vor, die sie mit sicherem Griff aus einem Stapel hervorziehen. Kein noch so guter Ratschlag kann aus einem Sammler einen Wegwerfer machen. Wichtig ist, beides mit System zu betreiben. Es sollen hier deshalb für die Wegwerfer einige Kriterien zum Aufbewahren, für die Sammler einige Hinweise zum Ordnen und Unterscheiden gegeben werden.

Wie im Beispiel vom Supermarkt beginnt die sinnvolle Vorratshaltung mit der klaren Trennung zwischen „aktuellem" und „längerfristigem" Bedarf und „Überflüssigem". Wir gewinnen viel Zeit, wenn wir bereits bei der eintreffenden Post diese Gruppen bilden:

- *Aufbewahren:* Alles Wichtige möglichst sofort am definitiven Ort in Fächern, Mäppchen usw. in Reichweite des Arbeitsplatzes.
- *Aktuell:* Was für ein paar Tage oder Wochen von Bedeutung ist, kommt, möglichst in Reihenfolge des Eintreffens, in eine Art „Vor-Papierkorb". Auf diese Weise bleibt es griffbereit, falls wir es brauchen. In regelmäßigen Abständen sichten wir diese Unterlagen und entfernen Veraltetes und Überholtes.
- Belege, Rechnungen bewahren wir nicht mit anderen Schriftstücken vermischt auf, sondern ordnen sie gleich ein.

Eine ähnliche Trennung nehmen wir auch bei der Lektüre von Fachzeitschriften und Zeitungen vor. Wir befassen uns nur mit jenen Artikeln und Kapiteln, für die ein aktueller Bedarf besteht, und merken jene vor, auf die wir später zurückkommen wollen. Stehen uns Fachzeitschriften später nicht mehr zur Verfügung, können wir eine Fotokopie des interessierenden Artikels anfertigen.

Auch zufällig erhaltene Informationen, Ideen und Hinweise sollen einerseits festgehalten werden; andererseits wollen wir damit nicht zuviel Zeit verlieren.

Natürlich müssen wir sicherstellen, daß wir die Informationen bei Bedarf auch rasch und sicher wiederfinden und nicht mühevoll oder gar erfolglos suchen müssen.

Wie jeder weiß, der Arbeitskollegen vertreten muß oder öfter Ferienwohnungen benützt, ist es schwierig, sich im Ordnungssystem eines anderen zurechtzufinden. Ordnung ist etwas sehr Persönliches. Wenn es um das Finden von Informationen geht, haben aber viele Leute Mühe, das eigene Ordnungssystem zu durchschauen. „Wo steckt denn nur der Artikel, den ich mir aus der Zeitung vom letzten Samstag ausgeschnitten habe, wie hieß das Buch, das ich mir aufgrund der interessanten Fernsehsendung kaufen wollte, woher stammt das Zitat, das ich in meinem Vortrag verwenden will?“

Es lohnt sich, Zeit und Überlegungen in die Anordnung und Gestaltung des eigenen Arbeitsbereiches zu investieren:

– Was gehört auf den Schreibtisch?	– Die gerade in Arbeit befindlichen Akten, ein Notizblock, die Agenda und Nachschlagewerke.
– Welche Akten müssen in meiner Reichweite aufbewahrt werden?	– Pendenzen, Unterlagen, die ich beim Telefonieren mit einem Griff hervorziehen möchte.

- In welche Dossiers lege ich meine Unterlagen ab, um spätere Suchaktionen zu vermeiden?
- Wie bereite ich mich auf eine Sitzung vor, an der verschiedene Traktanden erörtert werden?
- Wie ordne ich meine Arbeitsunterlagen, damit ich während einer Besprechung nicht ständig in Papierstapeln wühlen muß?

Es reicht nicht, wenn ich selbst weiß, wo ich suchen muß: Bei Ferien, Krankheit oder Arbeitsplatzwechsel muß auch der Stellvertreter oder die Nachfolgerin mein System nachvollziehen können.

Prüfen Sie, ob Ihr gegenwärtiges Ordnungssystem folgenden Kriterien genügt:

1. Auf die eigenen Bedürfnisse zugeschnitten
Meist ist es nicht sinnvoll, ein starres System zu übernehmen. Vorteilhafter ist die grundsätzliche Überlegung, welche Informationen (Zeitschriftenartikel, Literaturhinweise, Ergebnisse von Literaturarbeit, eigene Ideen, Entwürfe, Auskünfte, Kataloge, Unterlagen und so weiter) gespeichert werden sollen; dann kann geprüft werden, welche Systeme (EDV, Karteien, Ordner, Hängeregistraturen) und Systemkombinationen sowie welche Systematik (Schlagwörter, Fachbereiche etc.) unseren Bedürfnissen entsprechen. Dabei sind auch längerfristige Bedürfnisse oder Anforderungen des Arbeitsplatzes einzubeziehen.

2. Übersichtlich
Die gewählte Systematik muß gewährleisten, daß Unterlagen schnell gefunden werden, auch wenn wir beim Suchen vielleicht von einer anderen Frage ausgehen als beim Einordnen. Beispiel: Wir haben ein Buchkapitel für eine Arbeit durchgesehen. Später stoßen wir in einem anderen Zusammenhang wieder auf den Namen des Autors und wollen wissen, wie das Buch hieß und von wo wir es ausgeliehen hatten.

3. Flexibel
Informationen zu einem Interessengebiet können aus ganz verschiedenen Quellen, zu verschiedenen Zeiten, in unterschiedlicher Form und Qualität (an einem Kurs, während einer Diskussion, beim Stöbern in einer Fachzeitschrift, auf Anfrage bei einer Auskunftsstelle, bei der Bearbeitung eines Fachbuches) anfallen. Andererseits können natürlich beispielsweise beim Bearbeiten einer Fachzeitschrift Informationen zu verschiedenen Themen gesammelt werden. Ein flexibles Speichersystem ermöglicht uns, diese Informationen so einzuordnen, daß sie nach Themen, nicht aber nach Quelle oder Zeit geordnet sind.

Werden mehrere verschiedene Ablageformen gewählt (Ordner, Karteien, Hängemappen, Zeitschriftensammelkasten), muß durch ein Verweissystem sichergestellt werden, daß alle zu einem Themenbereich gehörenden Informationen schnell gefunden werden.

Zur Flexibilität gehört auch, daß wir über eine sinnvolle Notizmöglichkeit verfügen, wenn im Gespräch, bei Diskussionen, während eines Vortrages oder einer Bahnfahrt Hinweise gegeben werden, Ideen oder Gedanken auftauchen, auf die später zurückgegriffen werden soll. Bewährt haben sich dazu leere Karteikarten, von denen immer einige in der Tasche oder im Notizbuch mitgetragen werden können. Nach der Beschriftung unterwegs können sie leicht in der entsprechenden Ablage eingeordnet werden.

Unser Ordnungssystem muß zudem wachsen und sich verändernden Bedürfnissen angepaßt werden können. Überholte Informationen sollten jederzeit entfernt, neue eingeordnet werden können.

4. Leicht zu handhaben

Wenn die Eingliederung neuer Informationen zeitaufwendig ist, stapeln sich schnell die Unterlagen, weil wir nicht dazu kommen. Ein durchdachtes System ermöglicht eine schnelle Zuordnung und bezieht Bücher, Zeitschriften, Broschüren ebenso mit ein wie Karteikarten und Notizen.

5. Vollständig beschriftet

Bevor wir einen Literaturhinweis, ein Zitat, einen Zeitschriftenartikel einordnen, prüfen wir, ob alle notwendigen Angaben (Autor, Erscheinungsort und -datum) vollständig sind. Diese Angaben sind für die spätere Verwendung (zum Beispiel für Zitate) wie auch zur kritischen Beurteilung der Information sehr wichtig und können nachträglich oft kaum oder nur noch mühsam beschafft werden.

Zur richtigen Beschriftung gehört auch eine klare Trennung von eigenen Gedanken, Formulierungen, Notizen und Hinweisen und Aussagen anderer. Bei Notizblättern oder Karteikarten können wir für eigene Anmerkungen einen Teil abtrennen oder dafür grundsätzlich die Rückseite verwenden.

Hilfreich für die weitere Arbeit ist zudem der Vermerk, welche Quelle bereits mit welchem Erfolg bearbeitet wurde. Bei systematischen Literaturrecherchen geschieht es oft, daß wir immer wieder auf gleiche oder nur ähnlich lautende Bücher oder Artikel stoßen. Wenn wir beispielsweise auf der Rückseite unserer Bücherkarteikarte angeben, wie wir das Buch einschätzen, beziehungsweise welche Informationen wir erfolglos gesucht haben, kann uns dies später erneute Arbeit ersparen.

Als hilfreich und flexibel sowohl für Einzelinformationen wie auch für Verweise haben sich *Karteikarten* erwiesen. In die Schlagwortkartei lassen sich Karten aufnehmen, die angeben, wo die gesuchten Informationen zu finden sind, wobei sich der Hinweis auf ein Kapitel eines eigenen Buches, einen Artikel einer Fachzeitschrift, die in unserer oder der Firmenbibliothek gesammelt wird, beziehen kann, oder auch auf Unterlagen, die wir an anderer Stelle verwahren:

Beispiele: Verweiskarten in der Schlagwortkartei

Informationsvermittlung – elektronische Mailboxen s. auch „Cogito" 1/86, S. 37ff.	Lernpsychologie – Gedächtnismodelle s. auch Kursnotizen Ordner Lernpsychologie 2 s. auch Unterlagen Hängemappe Lernpsychologie 1

Bewährt und zeitsparend ist bei der Literaturbearbeitung das Führen von zwei verschiedenen Karteien, die auch als Übersichts- und Leitsystem für die gesamte Dokumentation dienen:

- Autorenkartei
- Schlagwortkartei.

Die *Autorenkartei* nimmt alle bibliographischen Angaben über die Quellen sowie unsere eigenen Bemerkungen dazu auf. Dies hat den Vorteil, daß die Angaben nicht bei jeder Schlagwortkarte erneut notiert werden müssen (zu einem Buch werden oft mehrere Schlagwortkarten mit verschiedenen Schlagwörtern erstellt). Durch die alphabetische Anordnung (nach Verfassernamen) der Karteikarten ist ein schneller Zugriff möglich. Wir können diese Karten bereits beim ersten Hinweis auf einen zu prüfenden Artikel erstellen (vgl. S. 97) und später ergänzen (Signatur der Bibliothek, Anmerkung über Wert und Ergiebigkeit für die eigene Arbeit). Als Format genügt Größe DIN A 7 (halbe Postkartengröße).

Beispiele von Autorenkarten:

Autor	Frey, Dieter	Gaus, Wilhelm
vollständiger Titel	„Informationssuche und Informationsbewertung bei Entscheidungen"	„Dokumentations- und Ordnungslehre" Lehrbuch für die Theorie und Praxis des „Informations Retrieval"
Erscheinungsort	Verlag Hans Huber, Bern, 1981	Springer Verlag, Berlin, 1983
Ausleihstelle	Univ.Bibl. Bonn, 81 7610	ausgeliehen von Heinz Roth
Anmerkungen (Rückseite)	Überprüfung von Hypothesen zur Theorie der kognitiven Dissonanz durch 17 empirische Arbeiten	umfassendes systematisches Lehrbuch, Unterrichtswerk für die Schule für Medizinische Dokumentationsassistenten

In der *Schlagwortkartei* werden die aus den Büchern und Artikeln gewonnenen Informationen gespeichert. Die Gliederung nach Schlagwörtern ermöglicht eine gezielte Suche nach Informationen.

Um auch mit zunehmender Beschäftigung mit einem Gebiet und mit wachsender Kartenzahl noch den Überblick zu behalten, empfiehlt sich eine Doppelbeschriftung: Hauptgebiet und Untertitel. Solange wir nur wenige Karten zu einem Gebiet haben, genügt die Anordnung unter das Hauptschlagwort, später können durch weitere Reiter die Unterteilungen sichtbar gemacht werden. Empfehlenswertes Format: Postkartengröße (DIN A 6) oder doppelte Postkartengröße (DIN A 5). Wichtig ist bei jeder Karte eine Quellenangabe, die jedoch bei gleichzeitiger Führung einer Autorenkartei knapp gehalten werden kann. Um eine klare Zuordnung und damit gezielte Suche sicherzustellen, notieren wir auf einer Karte nur Angaben zu einem Schlagwort und aus einer Quelle.

Auch bei diesen Karten ist es wichtig, daß wir (zum Beispiel auf der Rückseite) Platz für eigene Notizen, Anmerkungen, Kritik lassen.

Beispiele für Schlagwortkarten:

Schlagwort und Untertitel	Information – Ziele
Verweis auf Autorenkarte	K. Haefner, 1984
Zusammenfassung der Aussagen zum Thema	Weist darauf hin, daß gemessen am Gesamtwissen der Einzelne heute so unwissend sei wie ein Analphabet vor 300 oder 500 Jahren. Durch eine sinnvolle Nutzung von menschlicher und technischer Informationsverabeitung wäre aber eine vertiefte Einsicht in Fakten, Prozeduren und Strukturen möglich, mit tiefgreifenden Konsequenzen für das Selbstverständnis des Menschen: Breites Informiertsein, Mitwirken an Entscheidungen, tiefgreifende Einsichten in gesellschaftliche Zusammenhänge.

Neben Literaturhinweisen lassen sich in Karteien auch viele andere Informationen sammeln. Studenten können wichtige Hinweise von Dozenten zu Büchern und Aufsätzen, Zitate, Grundbegriffe, Forschungsergebnisse, Ideen für Projekte, Adressen usw. in eine „Ideenkartei" aufnehmen, um Anregungen und Merkpunkte nicht rasch wieder in Vergessenheit geraten zu lassen.

Literaturverarbeitungsprogramme

Auch hier ist Hilfe durch die EDV möglich. Die gleichen Vorteile, die Karteien als Übersicht- und Leitsystem für den eigenen Informationsspeicher haben, bietet auch ein Computer – sowie natürlich größere Schnelligkeit und die Möglichkeit, mehrere Begriffe bei der Suche zu kombinieren. Entsprechende Programme für die Literaturverwaltung (z.B. Filemaker, Brain) sind für jeden PC erhältlich und können flexibel den eigenen Bedürfnissen angepaßt werden. Bereits bei der Büchersuche (vgl. S. 97) können die Angaben eingetippt oder von Datenbanken (vgl. S. 121) übernommen werden. Auf diese Weise müssen die Informationen (Autor, Titel usw.) nur einmal aufgenommen werden (vgl. Abb. 154).

Die Suche kann in allen Feldern nach beliebigen Begriffen sowie Verknüpfungen erfolgen, die Ergebnisse zu Listen ausgedruckt werden.

Auszüge, Kursnotizen

Wenn wir einen Kurs oder Lehrgang besuchen oder ganze Bücher (zum Beispiel für eine Prüfung) systematisch durcharbeiten, sind Karteikarten für unsere Notizen zu klein. Besser geeignet sind gut beschriftete lose DIN A 4-Blätter, die in einem Ordner aufbewahrt werden. Zur übersichtlichen Gestaltung wie auch zur klaren Trennung von eigenen Anmerkungen und Verweisen von den Aussagen und Gedanken des Dozenten oder Autors empfiehlt sich eine *Dreiteilung* der Blätter (s. S. 155):

LITERATUR -ÜBERSICHT

Signatur TC 6217 17

Bereich Information **Standort** ZB

Autor Staab Joachim Friedrich

Titel Nachrichtenwert-Theorie
Formale Struktur und empirischer Gehalt

Aufl. **Jahr** 1990

Ort.Verlag Freiburg, Verlag Kart Alber

Zeitschrift

Seiten

Sprachen

Bemerkungen.Referenzen Erweiterung vieler Ausführungen des Funkkollegs Kommunikation

Schlagwörter Information, Massenmedien, Kommunikation, Nachrichten

Zusammenfassung Theoretischer und empirischer Beitrag zur Nachrichtenselektionsforschung in der politischen Berichterstattung der Massenmedien. Konzept zur Erklärung der Nachrichtenauswahl der Massenmedien. Gatekeeper-Forschung, News-Bias-Forschung, Nachrichtenwert-Theorie

LITERATUR -ÜBERSICHT

Signatur bestellen

Bereich Information **Standort** ZB

Autor Schwarz Georg Theodor

Titel Treffend informieren; Das Handbuch der modernen Informationsmethoden

Aufl. **Jahr** 1989

Ort.Verlag Ott Verlag Thun

Zeitschrift

Seiten

Sprachen

Bemerkungen.Referenzen Geht in erster Linie um das Weitergeben von Information an andere, Sicherstellen, dass richtig, treffend informiert wird.

Schlagwörter Information, Informationspolitik, Werbung, Journalismus

Zusammenfassung Will jenen, die informieren müssen, wirksame Methoden vermitteln, z.B. für Manager, die für Radio oder Lokalzeitung ein Interview geben müssen, Vorträge halten, Vereinsversammlungen führen. Gegliedert in persönliche Information und Information der Öffentlichkeit. Merksätze, systematisches Vorgehen, Check-Listen.

Beispiele: Datenblätter eines Literaturverarbeitungsprogrammes

A eigentliche Notizen

B Schlagwörter, Untertitel

C eigene Bemerkungen, Verweise

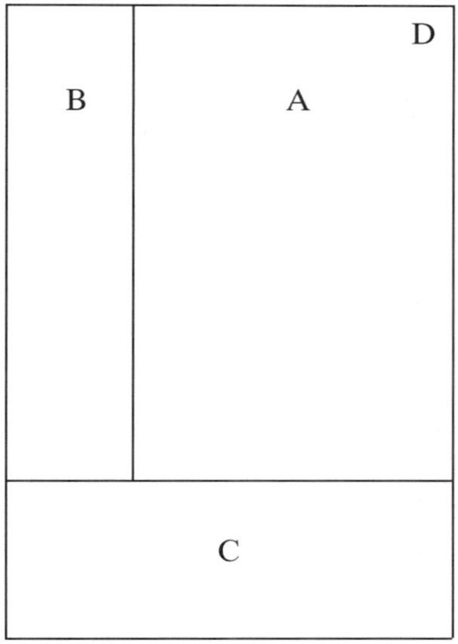

Datum
Quelle

Während der Lektüre beziehungsweise des Kurses wird nur Teil A beschriftet. Vor allem bei der Bearbeitung von Büchern ist es wichtig, daß wir nicht einfach ganze Abschnitte oder Seiten abschreiben, sondern uns erst einen Überblick verschaffen, lesen, nach dem Lesen prüfen, was wir verstanden haben, und erst dann mit unseren eigenen Formulierungen eine Zusammenfassung schreiben. Sowohl bei Kursnotizen wie auch bei Literaturauszügen ist neben der Quellenangabe auch das Datum für die spätere Einordnung von Nutzen (D).

Bei der anschließenden Überarbeitung nimmt Kolonne B unsere Hinweise auf die Gliederung auf (Schlagwörter, Untertitel). Abschnitt C ist für unsere eigenen Gedanken, Kritik, Anmerkungen wie auch für Querverweise auf andere Quellen bestimmt.

Viele Menschen sind dazu übergegangen, ihre Aufzeichnungen nicht mehr als lineare Texte, sondern als „Mind Maps" anzufertigen. Der Erfinder dieser Methode, T. Buzan, weist darauf hin, daß sie der Funktionsweise des Gehirns entspreche. Um

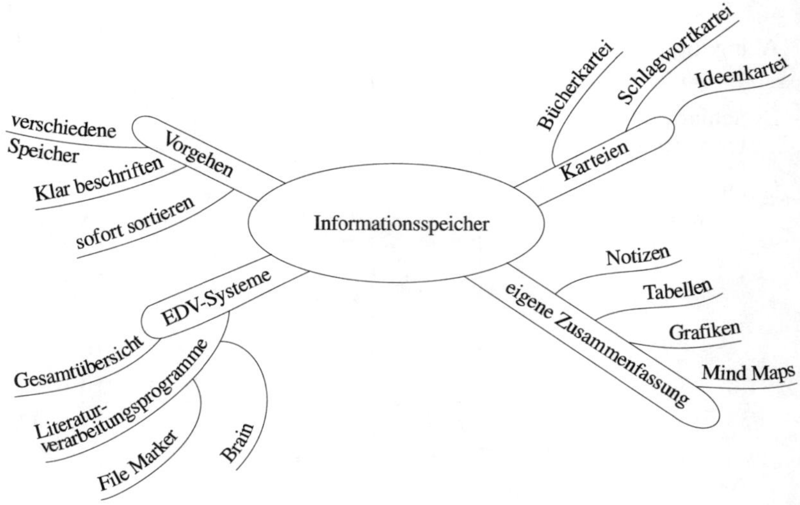

das zentrale Thema in der Mitte sind die Hauptgedanken als Äste dargestellt. Beispiele, Ergänzungen, Erklärungen dazu sind als Zeichnungen oder Nebenäste angebracht (vgl. Abb.).

Je nach Lerntypus kann Ihnen auch eine andere Form der Aufbereitung entsprechen, eine tabellarische Darstellung, eine Skizze, eine Graphik.

Alle diese Bearbeitungen wie Zusammenfassungen, Zeichnungen, Gliederungen und so weiter scheinen auf den ersten Blick sehr zeitaufwendig. Wenn wir uns mit den Informationen aber wirklich auseinandersetzen und sie nicht nur passiv an uns vorbeiziehen lassen wollen, sind diese Techniken dem üblichen mehrfachen Lesen weit überlegen.

Wie die Gedächtnisforschung zeigt (vgl. S. 48), ist vor allem die systematische Verankerung der Inhalte für die langfristige Speicherung von Bedeutung. Gegliederte, in eine sinnvolle Ordnung gebrachte und mit den bisherigen Erfahrungen und Lerninhalten verknüpfte Informationen werden wesentlich besser behalten als isoliertes Einzelwissen.

Alle Kursnotizen, Fotokopien, Auszüge von Buchbearbeitungen und eigene Gedanken zu einem Thema heften wir mit Vorteil in einen Ordner. Die Ordner werden beschriftet, mehrere Ordner zum gleichen Thema fortlaufend numeriert. Ein Inhaltsverzeichnis im Ordner und eine Verweiskarte in unserer Schlagwortkartei sichern ein schnelles Auffinden der gewünschten Informationen.

D. Vorteile der Zusammenarbeit

Eine gezielte, bewußte Informationssuche ist sehr zeitaufwendig. Wer sie für sich allein betreibt, kann sich entweder nur mit ganz wenigen Fragen befassen oder muß an der Oberfläche bleiben. Wesentlich bessere Voraussetzungen bestehen bei einer gut organisierten Zusammenarbeit, die sich der im zweiten Kapitel (s. S. 58) erwähnten Gefahren bewußt bleibt.

Dies gilt im privaten Bereich, aber natürlich ganz besonders im beruflichen Alltag. Sobald mehrere Personen zusammenarbeiten, stellt sich die Frage nach einem effizienten Informationsaustausch. Eine systematische Darstellung sinnvoller Informationsmethoden im Betrieb würde ein ganzes Buch füllen. An dieser Stelle sollen nur einige Fragen aufgeworfen werden.

Prüfen Sie für Ihre Arbeitssituation:

- Wie können wir den Informationsfluß in unserem Betrieb gestalten, daß jeder die Informationen erhält, die er oder sie für die Arbeit braucht, daß Gerüchte und Unklarheiten und daraus resultierende Mißverständnisse und Verärgerungen vermieden werden, und dennoch nicht zuviel Zeit mit Besprechungen, Sitzungen und dem Studium von schriftlichen Unterlagen verbracht wird?
- Welche Informationen, Fachzeitschriften, Zeitungsartikel müssen bei allen Mitarbeitern zirkulieren?
- Von welchen Informationen müssen die Mitarbeiter nur Kenntnis haben?

- Wie werden diese Informationen gespeichert, daß sie von allen, die sie benötigen, abgerufen werden können?
- Welche müssen an alle Mitarbeiter gelangen und bei diesen ständig präsent sein?
- Welche Informationen benötigen die Abteilungsleiter, für ihre eigene Arbeit, zur Weiterleitung an die Mitarbeiter?
- Wo ist Information, wo Mitsprache erforderlich?
- Wer muß bei welchen Sitzungen dabei sein, für welche Mitarbeiter reichen Protokolle zur Kenntnisnahme?
- Welche Informationen müssen vor Sitzungen abgegeben werden, um eine gezielte Vorbereitung und effiziente Diskussion zu ermöglichen?
- Wie wird gewährleistet, daß diese Ziele erreicht werden?

Vielleicht veranstalten Sie ein Brainstorming mit Ihren Mitarbeitern oder setzen sich mit Ihren Kollegen zusammen, um diese Fragen zu prüfen.

Aber auch im Privatleben können wir unsere Informationsbasis verbreitern, ohne mehr Zeit zu investieren. Dies beginnt bereits bei der täglichen Zeitungslektüre. Wenn alle Bewohner eines Mietshauses oder einer Straße die gleiche Zeitung lesen, sind sie zwar nachher auf dem gleichen Informationsstand, aber von der Auswahl der betreffenden Redaktion abhängig. Wir können uns aber auch mit einigen Bekannten absprechen und jeder eine andere Zeitung bestellen. Statt eine Zeitung detailliert zu lesen, haben wir so die Möglichkeit, aus mehreren Zeitungen gezielt die uns interessierenden Informationen herauszusuchen.

Noch größer sind die Vorteile einer Absprache bei den teuren Fachzeitschriften. Auch hier muß das Ziel des Austausches nicht darin bestehen, noch mehr Zeit mit der Informationsaufnahme zu verbringen, sondern aus einem breiteren Angebot bewußt auswählen zu können.

Wer sich aus zeitlichen oder räumlichen Gründen nicht ständig austauschen kann, kann auch mit anderen sein Interessenprofil absprechen. Jeder an diesem Informationsring Beteiligte prüft seine Zeitungen und Zeitschriften außer auf die eigenen Interessen auch auf jene der anderen Mitwirkenden und läßt ihnen die entsprechenden Informationen in Form von Ausschnitten oder Notizen mit genauer Quellenangabe zukommen (vgl. S. 98).

Finden wir in unserem Bekanntenkreis mehrere Leute mit ähnlichen Informationslücken und dem Wunsch nach mehr „Durchblick", läßt sich die gezielte, weitergehende Informationssuche arbeitsteilig organisieren. Wir können beispielsweise regelmäßige Treffen vereinbaren, jede Zusammenkunft der Diskussion einer bestimmten Frage widmen und absprechen, wer sich dazu welche Informationen aus welchen Quellen beschafft. Die Gegenüberstellung der verschiedenen Informationen, vor allem aber die kritische Auseinandersetzung, das Abwägen und Bewerten wird durch die Diskussion in der Gruppe erleichtert.

Während es nicht immer leicht fallen dürfte, „Informationsaustauschgruppen" selbst zu bilden, kann bei bereits bestehenden Gruppen (Teilnehmer eines Weiterbildungskurses, eines Seminars, Mitglieder einer Bürgerinitiative, politische Gruppierungen) das gemeinsame Interesse an einem Thema vorausgesetzt werden. Wenn die Vorteile der Zusammenarbeit genutzt werden sollen, ist es wichtig, daß nicht einer informiert und die andern aufnehmen, sondern daß die Informationsbeschaffung und -verarbeitung zur gemeinsamen Aufgabe wird.

Die Schulen können hier wertvolle Vorarbeit leisten, indem sie die Schüler nicht zu „Einzelkämpfern" ausbilden, sondern systematisch zum Informationsaustausch anleiten. An den Oberstufen-, den Berufs- und Hochschulen kann diese Zusammenarbeit bei der Beschaffung, Beurteilung und Verarbeitung von Informationen bei Prüfungsvorbereitungen und bei größeren Arbeiten vielfach eingeübt werden.

Zusammenfassung

- Die gezielte Suche in den richtigen Quellen und die Beschaffung der Informationen sind erst der erste Schritt. Die erhaltenen Informationen müssen kritisch geprüft, auf Zuverlässigkeit, Stichhaltigkeit, Vollständigkeit und Relevanz untersucht, einander gegenübergestellt und in das vorhandene Wissensgebäude eingebaut werden.
- Um auch später auf die Informationen zurückgreifen zu können, ist der Aufbau eines sinnvollen Speichersystems erforderlich. Ein gutes Ordnungssystem muß von den eigenen Bedürfnissen ausgehen, übersichtlich und flexibel sein, leicht zu handhaben und die gesamte Informationssammlung erfassen.
- Die Zusammenarbeit und der gegenseitige Informationsaustausch ermöglichen uns einen besseren Überblick und die Abdeckung größerer Gebiete. Voraussetzung ist die Vermeidung der im zweiten Kapitel beschriebenen Gefahren der vorschnellen Einigung und gegenseitigen Bestätigung von Gerüchten und Halbwahrheiten.

Literaturhinweise

Zur weiteren Auseinandersetzung mit den in diesem Buch beschriebenen Themen

Probleme der Massenmedien

Marquart, Alfred: Wahrheit mit beschränkter Haftung; Vom Umgang mit Massenmedien. Beltz, Weinheim, 1983
Von einem Journalisten für Jugendliche geschrieben. Beschreibt Bedingungen, unter denen Nachrichten produziert und verkauft werden

Meyrowitz, Joshua: Die Fernseh-Gesellschaft. Überall und nirgends dabei. Beltz Verlag, Weinheim, 1987
Der amerikanische Kommunikationswissenschaftler zeigt, welchen Begriff von Wirklichkeit und Identität wir im Umgang mit dem (Informations-)Medium Fernsehen entwickeln

Postman, Neil: Wir amüsieren uns zu Tode; Urteilsbildung im Zeitalter der Unterhaltungsindustrie. S. Fischer Verlag, Frankfurt a.M., 1985
Der amerikanische Medienökologe analysiert vor allem die Auswirkungen des Fernsehens auf Einstellungen und auf den Umgang mit Informationen

Staab, Joachim Friedrich: „Nachrichtenwert-Theorie; Formale Struktur und empirischer Gehalt". Verlag Karl Albert, Freiburg/München, 1990
Konzept zur Erklärung der Nachrichtenauswahl durch die Massenmedien

Wember, Bernward: Wie informiert das Fernsehen? Ein Indizienbeweis. List Verlag, München, 1976
Dokumentation einer 1975 im ZDF ausgestrahlten Sendung. Analyse der Information durch das Fernsehen am Beispiel des Nordirland-Konflikts

Aufnahme und Verarbeitung

Buzan, Tony: „Kopftraining"; Anleitung zum kreativen Denken. Goldmann Verlag, München, 1984
Anwendung neuer Erkenntnisse der Gehirnforschung, Übungen, Erstellen von Mind Maps

Heilmann, Klaus: „Die betrogene Gesellschaft; Kommunikation im Informationszeitalter". Orell Füssli, Zürich, 1990
Beschreibt die Orientierungsschwierigkeiten des Menschen in einer immer rascher sich wandelnden und komplexer werdenden Zeit

Hunt, Morton: Das Universum in uns; Neues Wissen vom menschlichen Denken. Aus dem Amerikanischen übersetzt, Piper Verlag, München, 1984
Der amerikanische Wissenschaftsjournalist schreibt locker und mit vielen Beispielen über neue Ergebnisse der Gehirnforschung, über Lernen und Gedächtnis, Denken und Kreativität

„Information ist noch kein Wissen"; H. Scheidgen, P. Strittmatter, W. Tack (Hrsg.), Beltz, Weinheim, 1990
Beiträge verschiedener Autoren zur Wissenspsychologie

Schräder-Naef, Regula: „Lerntraining für Erwachsene"; Hinweise für Erwachsene, die sich weiterbilden oder umorientieren wollen. Beltz, Weinheim, 1993

Vester, Frederic: Neuland des Denkens; Vom technokratischen zum kybernetischen Zeitalter. Deutsche Verlagsanstalt, Stuttgart, 1980
Forschungsergebnisse und Entwicklungen aus verschiedenen Bereichen. Plädoyer für ein „vernetztes Denken"

Wessels, Michael G.: Kognitive Psychologie. Aus dem Amerikanischen übersetzt. Harper & Row, New York, 1984
Einführung, Übersicht und zahlreiche Forschungsergebnisse der kognitiven Psychologie, umfassendes Lehrbuch

Informationssuche

Felknor, Bruce L.: „How to Look Things up and Finds Things Out". Quill, New York, 1988 (in englisch)
Systematische Darstellung der Quellen für zahlreiche Wissensgebiete

Gaus, Wilhelm: Dokumentations- und Ordnungslehre; Lehrbuch für die Theorie und Praxis des Informations Retrieval. Springer Verlag, Berlin, 1983
Systematisches Lehrbuch, 39 Lektionen mit Kontrollfragen

Kepplinger, Hans Mathias u. a.: Informationen suchen und finden; Leitfaden zum Studium der Politologie, Psychologie, Publizistik, Soziologie. Alber, Freiburg/München, 1976
Wege und Quellen zum Auffinden von Literatur, Übersicht über Bibliographien und Nachschlagewerke

Schwarz, Georg Theodor: „Treffend informieren"; Das Handbuch der modernen Informationsmethoden. Ott Verlag, Thun, 1989
Wirksame Methoden beim Weitergeben von Informationen (persönliche Information und Information der Öffentlichkeit)

Datenbanken

Cogito; Zeitschrift für die Nutzung elektronischer Medien. Erscheint zweimonatlich, Verlag Hoppenstedt, Darmstadt
Allgemeinverständliches Wissen über Anwendung und Nutzen moderner Medien. Angesichts der ständig neuen Entwicklungen in diesem Bereich kann eine Zeitschrift am ehesten auf dem laufenden halten

PASSWORD; Praxisberater für elektronische Informationsbeschaffung, Verlagsgruppe Handelsblatt, Düsseldorf
12 Ausgaben pro Jahr

I'M (Information market); 6/Jahr, englisch, Direction General XIII, Commission of the European Communities, Luxembourg

Online (mit ÖVD: Öffentliche Verwaltung und Datenverarbeitung), 12/Jahr, deutsch, Verlagsgesellschaft R. Müller GmbH, Köln

Quellenverzeichnis

S. 12, S. 19: „Der Spiegel" 11/1990
S. 17: Tages-Anzeiger, Zürich, vom 12.11.1992
S. 18: Sachs, Hans: Zitiert in: Globi will ins Schlaraffenland. Hrsg. von J.K. Schiele, Zürich, 1949
S. 19: Haefner, Klaus: Die neue Bildungskrise; Herausforderung der Informationstechnik an Bildung und Ausbildung. Birkhäuser Verlag, Basel/Boston/Stuttgart, 1982
S. 20: Gaus, Wilhelm: Dokumentations- und Ordnungslehre; Lehrbuch für die Theorie und Praxis des Informations Retrieval. Springer Verlag, Berlin, 1983
S. 21, 24, 52: Bloch, Arthur: Gesammelte Gründe, warum alles schiefgeht, was schiefgehen kann! Goldmann Taschenbuchausgabe 1/1986
S. 26: Informationsmarketing und Benutzerforschung; Aktuelle Probleme in Bibliotheken und Informationseinrichtungen. Hrsg. von Hagen Stegemann und Robert Funk. Zitate von K. P. Landgrebe und Marloth. Berlin Verlag, Berlin, 1980
S. 30, 37, 56: NZZ-Folio Nr. 4/93: „News", Zürich
S. 34: Naisbitt, John: Megatrends, Heyne Verlag, München, 1982
S. 35: Orwell, George: 1984. 1949, aus dem Englischen übersetzt von Kurt Wagenseil. Ullstein, Frankfurt a.M., 1976
S. 37: Wember, Bernward: Wie informiert das Fernsehen? Ein Indizienbeweis. List Verlag, München, 1976
S. 39: Huxley, Aldous: Schöne neue Welt. Übersetzt aus dem Englischen „Brave New York", London, 1932. Deutsche Ausgabe Piper, München, 1976
S. 39, 57: Postman, Neil: Wir amüsieren uns zu Tode; Urteilsbildung im Zeitalter der Unterhaltungsindustrie. S. Fischer Verlag, Frankfurt a.M., 1985
S. 41: Steinbuch, Karl: Maßlos informiert, Die Enteignung unseres Denkens. Herbig Verlagsbuchhandlung, München, 1978

S. 42: Ditfurth, Hoimar von: Der Geist fiel nicht vom Himmel; die Evolution unseres Bewußtseins. Hoffmann & Campe, Hamburg, 1976
S. 43, 56: Funkkolleg „Medien und Kommunikation“, Beltz, Weinheim, 1990, Studienbrief 2
S. 46: Vester, Frederic: Denken, Lernen, Vergessen; Was geht in unserem Kopf vor, wie lernt das Gehirn, und wann läßt es uns im Stich? Deutsche Verlagsanstalt, Stuttgart, 1975
S. 47: Eccles, John: In: Das Ich und sein Gehirn. Karl R. Popper und John C. Eccles Piper, München, 1982
S. 49: Schräder-Naef, Regula, „Lerntraining für Erwachsene“, Beltz, Weinheim, 1993
S. 49: Festinger, Leon: Theorie der kognitiven Dissonanz. Hrsg. von Martin Irle und Volker Möntmann. Huber, Bern, 1978
S. 50: Frey, Dieter: Informationssuche und Informationsbewertung bei Entscheidungen. Huber, Bern, 1981
S. 53: Blinkert, Baldo: Sozialer Status und Wahrnehmung. In: Kindlers Psychologie des 20. Jahrhunderts. Sozialpsychologie, Bd. 1, Beltz, Weinheim, 1984
S. 75: Eco, Umberto: Der Name der Rose. Hanser Verlag, München, 1982
S. 78: Bibliothekstaschenbuch Schweiz, 1991, Sauerländer, Aarau
S. 83: Schräder-Naef, Regula: Rationeller Lernen lernen; Ratschläge und Übungen für alle Wißbegierigen. Beltz, Weinheim, 17. Aufl., 1992
S. 85: Zentralbibliothek Zürich „Online-Publikumskatalog; Benutzungshinweise“, November 1992
S. 93: „Schulreport“, Bayern, Juni 1992
S. 100: Bildschirmtext-Magazin 6/1985
S. 102: DIMDI, Deutsches Institut für medizinische Dokumentation und Information, Köln
S. 107, 114: Cogito Sonderheft für Einsteiger 1992
S. 118: Poster der Firma 1 & 1 Telekommunikation GmbH, Montabaur
S. 120: „Der Spiegel“ 16/1993
S. 120f.: „Datenbankservices im Dialog, Die Entwicklung des Online-Marktes“, R. Philipp u. B. Matthies, SYBEX-Verlag GmbH, Düsseldorf, 1990
S. 133: Prospekt des Wissenschaftsladen Bonn
S. 140: Scherr, George H.: Journal der unwiederholbaren Experimente. Fischer Verlag, Frankfurt a.M., 1986
S. 142: Soles, Roger E.: In: Journal der unwiederholbaren Experimente. Fischer Verlag, Frankfurt a.M., 1986

Wichtige Adressen

1. Öffentlich geförderte Fachinformationseinrichtungen

Wegen der Bedeutung der „Fachinformation“, als „dem Wissen, das für die Bewältigung fachlicher Aufgaben im Beruf, in Wissenschaft und Forschung, in Wirtschaft und Staat benötigt wird“, hat die Bundesregierung mit verschiedenen Programmen dazu beigetragen, die Schwierigkeiten bei der Bewältigung der Informationsflut zu beheben. In diesem Zusammenhang werden sog. Fachinformationseinrichtungen gefördert, deren Aktivitäten im wesentlichen in der „Entwicklung, Produktion und Herausgabe von Literaturhinweisdiensten und von Daten- und Faktensammlungen“ liegen. Außerdem übernehmen sie teilweise auch den Betrieb der zur Speicherung, Auswertung und Online-Verteilung der Informationen erforderlichen Rechenzentren (Hosts).

Von insgesamt 15 öffentlich geförderten Fachinformationseinrichtungen sollen die bekanntesten hier genannt werden:

- Fachinformationszentrum Karlsruhe – **FIZ Karlsruhe** –
  im Rahmen von Scientific and Technical Information Network **(STN-International)** Host, dem internationalen Verbundsystem für wissenschaftliche und technische Information, zusammen mit Chemical Abstracts Service (CAS) in Columbus (Ohio, USA) und dem Japan Information Center for Science and Technology (JICST) in Tokio
  76344 Eggenstein-Leopoldshafen 2
- Fachinformationszentrum Technik e. V. Frankfurt – **FIZ Technik**
  Ostbahnhofstraße 13, **60314 Frankfurt/Main**
  die Datenbanken von FIZ Technik werden im Verbund mit den Datenbanken von DATA-Star (Host) angeboten
- Fachinformationszentrum Chemie GmbH – **FIZ Chemie** –
  Steinplatz 2, **10623 Berlin 12**

- Deutsches Institut für medizinische Dokumentation und -Information – **DIMDI** (Host)
  Weißhausstraße 27, 50939 Köln 41
- **JURIS** GmbH (Host), Juristisches Informationssystem für die Bundesrepublik Deutschland
  Gutenbergstraße 23, 66117 Saarbrücken

Der Informationssuchende, der Schwierigkeiten hat, eine für seine Fragestellung geeignete Datenbank oder auch eine Informationsstelle zu finden, kann sich wenden an

Gesellschaft für Mathematik und Datenverarbeitung mbH (GMD)
Informationszentrum für Informationswissenschaft und -praxis (GMD-IZ)
Dolivostraße 15, 64293 Darmstadt

2. Weitere bekannte Hosts

Dialog Information Services Inc.
Palo Alto, CA/USA
– weltweit größter Host, in BRD vertreten mit:
DIALOG Information Services Deutschland
Exit Datenbankdienste
Graf-von-Stauffenberg-Straße 19, 33615 Bielefeld

Radio Suisse Ltd. Bern mit **DATA-STAR** – Europas größter Host mit Marketinggesellschaft in BRD
D-S Marketing GmbH
Ostbahnhofstraße 13, 60314 Frankfurt/Main

ECHO
European Community Host Organisation
B.P. 2373, L-1023 Luxemburg

ESA-IRS
European Space Agency Information Retrieval Service
C.P. 64, Via Galileo Galilei, I-00044 Frascati (Roma), Italien

GBI
Gesellschaft für betriebswirtschaftliche Information mbH
Freischützstr. 96, 81927 München

Genios Wirtschaftsdatenbanken
Verlagsgruppe Handelsblatt
Kasernenstraße 67, 40213 Düsseldorf

Questel
Nanterre Cedex, -F
83-85 Bd. Vincent Auriol

3. Zusätzliche Anschriften bei Fragen im Zusammenhang mit Online-Datenbank Abfragen:

AFI Arbeitsgemeinschaft Fachinformation e. V.
Untermainkai 83, 60329 Frankfurt/Main

DGD Deutsche Gesellschaft für Dokumentation e. V.
Hanauer Landstraße 126–128, 60314 Frankfurt/Main
(hier erfahren Sie auch die Anschriften regionaler Online-Benutzergruppen und sog. AKIs (Arbeitskreis für Information), die es in vielen Bundesländern gibt)

Eine Hilfe bei der Suche nach in Frage kommenden Informationsvermittlern können auch die Handbücher und Verzeichnisse über Bibliotheken sein. Dort wird angegeben, ob Zugriff auf Datenbanken möglich ist.

Auskünfte über Förderungsprogramme bei Nutzung von Fachinformation von kleinen und mittleren Unternehmen:
Institut der Deutschen Wirtschaft, MIKUM,
Gustav-Heinemann-Ufer 84–88, 50968 Köln

Schweizerische Vereinigung für Dokumentation (SVD)
Sekretariat: c/o Bibliothek und Dokumentation PTT
CH-3030 Bern

4. Einige bekannte Mailboxen

GeoNet	BRD	Com.Box	BRD
Deutsche Mailbox	BRD	TGelebox	BRD
Infex	BRD		

ComNet	CH
DataMail	CH – eine Dienstleistung der Data-Star
CompuServ	USA